新書y

132

ナショナリズムの練習問題

井崎正敏
Izaki Masatoshi

洋泉社

ナショナリズムの練習問題＊目次

序章

ナショナリズムの練習問題

1　どこから問うのか

†本書のねらい

ナショナリズムはいまわれわれ自身が抱えている課題である。たとえば伊達や酔狂で取り組むテーマではない。どのような問題意識で、どのような角度から問題に接近するのか、このことが最初に問われるべきだろう。だからはじめにこの本の手のうちを明かしておきたい。

鎖国体制をこじあけられた封建日本が国民国家を目指して国際社会に参入してから百五十年たらず、このあいだに当の日本をふくめて、ナショナリズムは世界中に目を覆う惨禍をもたらした。その認識の上に、しかし、本書はナショナリズムの再評価を試みる。再評価のためにはナショナリズムが越えてはならない境界をもはっきり画定したい。ではなぜ再評価するのか、そのモチーフを以下に要約する。

第一に、ナショナリズムはなくならない。ナショナリズムは近代の民衆がはじめて政治社会の主人公になった証しである。その土台にはむろん言語や習俗や歴史的な記憶などによってかたちづくられたエスニックな共同体があった（それがたとえ近代になって再構成されたものであったとしても）。したがって人間がみずからの身体性や風土性や歴史性から引き剝がされないかぎり、そしてなにより「国民」となった民衆が政治社会の主体であることを放棄しないかぎり、さらにその政治社会がたったひとつの政治体に統合される展望が示されないかぎり、ナショナリズムは消滅しない。

　経済のグローバル化、ＥＵに代表される地域統合、さらに通信革命による文化的融合などによって、「国民」の境界は大きく揺らいでいる。また、国内ではエスニシティ（民族共同体）をはじめとするさまざまなマイノリティの共同体が、それぞれの集団的価値の政治的承認をもとめる運動を繰り広げている。

　しかし、いかなる国民国家も主権を手放そうとはしていないし、エスニシティもエスニシティであるかぎり（「民族自決」をもとめる「ネイション」に転化しないかぎり）、政治的独立を主張することはない。ナショナリズムが当分存続するのであれば、国民がみずからのナショナリズムをいかに構想し実現するかが課題となる。

第二に、ナショナリズムだけに出来る役割がある。少なくともオールタナティヴが見つかるまでは、その力を有効に働かせたい。自由という人間の存在本質と、自由を保障する人権理念と、自由を実現する条件としての平等原理とを、当面、個々の国民国家が法的・制度的に担保しなければならない。だが自由も人権も平等も、「われわれ」という一体感のないところには立ち上がらない。この公民としての「われわれ」を成立させるのが、ナショナリズムの役割である。みずからが生きている自然的・文化的風土であり倫理的・政治的共同体である「くに」を愛する気持ちが、普遍的な理念を自分たちのものとして実現する力をつくりだし、そこから眼前の政治に対する批判力も生まれるのである。そのためには、人権と多様な価値観を抑圧しないナショナリティの審級を確立することが不可欠である。

この「われわれ」という共同体はかならず別の「われわれ」とのあいだに諍《いさか》いを起こすから、さらに高次の「われわれ」が構想されなければならないが、はじめの「われわれ」をとおしてしかそこには到達できない。

第三に、従来のナショナリズムから新たなナショナリズムへの軌道の付け替えが必要である。エスノセントリズム（自民族中心主義）に凝り固まった偏狭なナショナリズムに暴走する危険のある軌道から、ナショナリティのただしい審級を自覚し誇りをもった、品格あるナショナリズムの軌道への転轍《てんてつ》である。この軌道を指し示すことが本書の最終目標となる。

†問い方の倫理

ハンス・コーンの *The Idea of Nationalism*（『ナショナリズムの思想』）という書物がいま目の前にある。ナショナリズム研究の古典とされるこの七百ページを越える大冊は一九四三年の秋に脱稿、初版の刊行は四四年の四月であった。ハプスブルク帝国のプラハに生まれ育った著者は、学生時代にシオニズム運動に参加、第一次世界大戦ではロシアの戦場に赴き、その後、ロンドン、パリ、イェルサレムなど世界各地を転々としたあと、中年になって定住したアメリカで本書を執筆した。東西ヨーロッパそして中近東におけるナショナリズムの運動を目の当たりにし、みずからそのなかで揉《も》まれた経験と、長年の学問研究との成果であった。近代世界に生まれたナショナリズムのルーツを遠く古代イスラエルや古典ギリシアに探り、ローマ帝国からルネッサンス、絶対王政を経てフランス革命に至るナショナリズムの前史を跡づけた壮大な思想史である。序論を読むだけでも、今日のA・D・スミスたちに引き継がれたナショナリズム研究の多くのモチーフを見つけることができる。

枢軸側の全体主義的なナショナリズムが荒れ狂うなかで、本書は自由の理念や民主主義と連動して誕生した欧米の合理的なナショナリズムの意義を再確認している。民族・文化的同質性にもとづく「東」のナショナリズムと、人民の主体的な政治意志にもとづく「西」のナショナリズムの二類型にナショナリズムを分類する「コーン・ダイコトミー（二分法）」は、その後さまざまな批判を受けつつも、今日にまで変奏されてきた。いまや欧米における社会科学としてのナショナリズム研究の進展は著しく、ひとつの研究分野を確立している。

ナショナリズムは近代の創作物であるのか、エスニシティや古くからの伝統にもとづく精神構造であるのか、あるいは近代の市民的な価値を基軸にとる「シヴィック・ナショナリズム」を範型と考えるべきか、さまざまの民族的な価値を基盤とする「エスニック・ナショナリズム」を基準とすべきかなど、実証的な研究に裏打ちされた基本的な論点も確立されている。日本でも特別の関心を呼んだベネディクト・アンダーソンの『想像の共同体』のような仕事にかぎらず、その広範な学問業績のほんの一端を眺めてみただけでも、ナショナリズム先進国の冷静な研究の積み重ねと研究態度の成熟とを感じないわけにはいかない。

コーンが大著の執筆に励んでいた頃、日本は狂奔する軍国主義の末期のあがきを経験していた。そのため戦後におけるナショナリズムの捉えなおしは当然にも内省的な方法をとらざるを得なかった。みずから後発国民国家の崩壊を目の当たりにした観察者は同時に被観察者であった。戦時下の大衆的な精神動向とはかなり距離をとって戦争を眺めていた丸山眞男にとっても、昭和の「超国家主義」を批判し明治の「国民主義」を再評価する研究のいとなみは、みずからの精神史を辿りなおす作業であった。「大東亜戦争」の宣戦報道に胸の鬱憤を払った竹内好や少年期に「日本浪漫派」に心酔した体験をもつ橋川文三にとっては、みずからの胸奥を抉《えぐ》りだすにひとしい作業であっただろう。

戦後日本のナショナリズム論は、欧米流のスマートな研究方法も、広範な地域の運動をカヴァーした浩瀚《こうかん》な業績も生みださなかったけれども、なぜ近代の日本人は民族主義的かつ国家主義的なナショナリズムに捉えられたのかを内側から検証するいくつかの思想的な仕事を残した。

この「戦争体験」を「思想」化するという戦後に特殊で個別ないとなみは、その子どもの世代であるわれわれ「団塊の世代」にまではかろうじて受け取り手をもっていたが、いまではその回路も断たれようとしている。「戦後体験」しかもたないわれわれの世代もすでに五十代の後半に入った。前世代のモチーフを引き受けつつ、あらためて自分たちと自分たちの世界の問題としてナショナリズムを考えなおしたい。

東欧社会主義国とソ連邦の崩壊をきっかけとする国民国家批判の世界的流行のなかで、日本でもいまでは観察者プロパーのナショナリズム批判が主流となった。この研究における観察者は同時に批判的な運動における監視者であり、社会の「右傾化」に眼を配り警鐘を鳴らす役割をみずからに課している。

これら批判者の言説では、ナショナリズムは、「靖国神社」、「新しい歴史教科書」、「日の丸・君が代」、「海外派兵」、「憲法改悪」などの系列語であり、おぞましい記憶と不安な未来のイメージが喚起される仕掛けになっている。たしかに自民党から民主党までが憲法改正を射程に入れているし、その焦点が九条にあるのはまちがいない。

しかし右傾化を危惧するのが「良識」に照らして当然であれば、その「良識」が国民に届いていないことにどうして本気でたじろがないのだろうか。「良識」が多くの国民と乖離している現実に目を瞑《つむ》っているか、瞑っていても安心できる場所から語っているからではないのか。

これに敵対する右派の動きはどうか。マルクス主義の自滅を契機に盛り返し、中国や韓国・北朝鮮をはじめとする周辺諸国の反日感情に刺激され、日本近代史の見直しを図り、愛国心を鼓舞しようとする運動は、たんに「保守オヤジ」を結集しただけではなく、若い積極的なサポーターたちによって支えられている。靖国神社参拝を敢行する小泉首相自身が「戦争を知らない」世代であった。そしてこちら側に欠落しているのも、内省する意志である。

小泉首相が中国の胡錦濤国家主席や温家宝首相に繰り返す、「これまで参拝してきたのは、心ならずも戦場で倒れた人への慰霊の気持ちからであり、不戦の誓いを新たにするものだ」という弁明は、論点を回避し、交渉上のその場しのぎの言説である以外、いかなる意味も伝えていない。そしてかならず、ことなる政治的な場面で代償を支払わされているのだ。

みずからのナショナルな意識の淵源を他に説得する意志を欠いた言葉は、他の信用を得られないだけでなく、みずからを内側から腐らせる。新たなナショナリズムの構想を欠落させ、同胞意識にどっぷり浸かって愛国心の復権を呼号し、反ナショナリストを批判（排除）し、特定国に対する排外意識を先鋭にするだけで、いったいなにが生まれるのか。日の丸・君が代の無用な強制から生まれるのは（現に教師のあいだに生まれていると思われるのは）、「国民」の気概とはまったく背反するニヒリズムだけである。

たんに大衆的なナショナリズムに火を付け油を注ぐことは、ナショナリズムにいちばん大事な気骨を内側から燃え落とすことにもなりかねない。愛国的バンカラ諸氏には、二〇〇四年サッカー・アジアカップで反日感情を剝き出しにして騒いだ中国人サポーターたちを思い起こしてほしい。「怒りよいま一度」ではない。他山の石としてである。

2　ナショナリティの場所はどこにあるのか

†国民国家批判の背景

ナショナリズムの歴史は「ネイション」の再定義を繰り返した歴史であった。しかし繰り返されるさまざまな再定義の試みにもかかわらず、そこに戻るのがほんらいであったかのように、それはしばしば凶暴な排外主義と夜郎自大な自民族中心主義との場所に戻ってきた。現在もまた野蛮なナショナリズムが噴出する世界を目の当たりにして、ナショナリズムをめぐる議論が渦巻いている。

九〇年代に姿を現わした国民国家・ナショナリズム批判の背景には、むろん一九八九年のベルリンの壁崩壊に象徴される冷戦構造の終焉、すなわち社会主義国家の敗退があった。ソ連や東欧の共産主義政権が瓦解するなかからさまざまな民族主義が台頭し、それぞれの民族国家を目指して血腥《ちなまぐさ》い闘争をひき起こした。バルト三国のようにソ連に併合された民族国家が再度独立を果たすさまには拍手を送った人々の眼にも、旧ユーゴスラヴィアの血で血を洗う民族抗争は衝撃的な事実であった。共産主義のイデオロギーと強権とがかろうじて束ねていた枠組みが崩れたあとに出現したのは、かつて民主主義とともに謳歌されたナショナリズムでもなければ、あるいは民族自決の名で熱く語られたナショナリズムでもなかった。しかしナショナリズム以外のなにものでもなかった。

この衝撃を受けて、それまで帝国主義国家（または社会帝国主義国家）や軍事独裁国家だけに向けられていた国家批判のまなざしは、あらためて国民国家一般に向けなおされた。

さらに、東西の対立軸が解消されたため、社会思想の焦点は南北という対立軸に移動し、北側の国民国家が批判の矢面に立った。南北の対立軸は国際的な構図をつくりだしただけではなく、国家の内部においても、階級対立の問題から、内なる他者、すなわちさまざまなマイノリティに対する抑圧の問題に批判の力点が移動した。途上国内部の構造としては少数の支配者と多数の抑圧された民衆という図式が残されたが、先進国民国家内部の問題としては、国民という名の同一性が個々のマイノリティ（それがエスニシティであれ、ジェンダーであれ、障害者であれ）を差別し、その人権を侵害しているという図式に描きなおされたのである。

日本の国民国家批判は、自国の歴史認識に対する批判や社会構造に向けた批判が主流である。侵略の前歴をもつナショナリズムの国として当然ではあるが、問題はアプローチの仕方である。冷戦後に批判の方向を変えた論者たちは、自分たちが国家のイデオロギー装置から自由な地点で批判をしているという自己了解は手放さず、国家や日本人という共同体から身を引き剝がすことが知識人の証しであると信じられつづけた。みずからの社会身体性はそのどこかに位置づけられているのだが、主観的には所属しない共同体を外側から批判するという位置取りに変更はなかった。

しかし途上国の民衆や国内のマイノリティに幻想レヴェルで身を寄せた批判が、当の日本国家に対してどれだけ強い批判力をもち得るのか、あるいは被抑圧者・被差別者にどれだけの力をあたえることができるのか。みずからもその一構成員である国民という内側の立場からの批判であれば、政府に対しても、国民に対してもより強い説得力をもつことができるが、外部や他者という名の超越的な位置に仮託して批判がなされた場合、思想の受け手にどれだけのリアリティが伝わるのだろうか。なぜ論者たちはみずからが「国民」であることを認めたがらないのか。ここにはきわめて国内的な背景が横たわっている。

一九四五年夏の敗戦を境にして、国家のイメージは忌避されるものに転落し、その意味とリアリティがその後真剣に問い返されることは少なかった。第二章でふれるように、「愛国」という言葉さえかならずしも国家のカテゴリーで語られたわけではなかった。また反国家の思想や運動はほとんどマルクス主義的な視点からなされたために、「ブルジョア国家」あるいは「帝国主義国家」と社会主義国家とを等価に眺める視角に乏しかった。「ブルジョア国家」は打倒するための戦術対象であり、「社会主義国家」は国家廃絶に至る過渡的な存在であるから、両者が同時に国家一般の問題として探究されることはなかった。中国など新興社会主義国家のナショナリズムには盛大な拍手を送り、国内の「反動的」なナショナリズムには警戒を怠らないという二面作戦を取ることが可能になったのである。

そんな流れのなかで吉本隆明は例外的な存在であった。戦時中は皇国青年であった吉本は、戦後、国家や天皇制についての徹底的な内省を経て、国家の本質を「共同幻想」として捉えるに至った。しかし吉本の思想のベクトルは、ひとえにその幻想からの解放を目指した。

つまるところ社会主義国家のナショナリズムを声援する思想や、国家を敵視する思想はいろいろなかたちで現われたが、国家を内側からみずからの責任領域として捉えようとする試みはきわめて乏しかったのである。

この傾向はイデオロギーとしてのマルクス主義が敗退したあとにも根強く残り、中国や韓国、北朝鮮などの反日ナショナリズムに対する及び腰となって現われている(韓国は社会主義国ではないが、冷戦崩壊後はかつて植民地支配を受けた国として同格に扱われる)。日本の「右傾化」を批判しようとすれば、東アジアの反日感情に符牒を合わせてしまう構造が出来上がり、どちらもおなじナショナリズムであることにあえて気づこうとしなかったのである。

そして社会主義国家一般の全体主義体制が明らかになるにつれて、国家廃絶のプログラムを提示できないまま、ただ国家を忌避する意識にひきこもり、かえって国家を内側から改変する意志を萎縮させる結果をもたらしている。

†ナショナリティの審級

国家という制度は法体系を一元的に集約し、膨大な行政機構を抱え、警察と軍隊という武装力を備えている。他国民と同時に自国民をも生殺与奪する権力を備えた国家は、ひとたび運用をまちがえればそれ以外の組織ではなし得ない悪を実現する。そして国籍（ナショナリティ）はあらゆる差異を越えて、自国民であるか外国人（無国籍を含む）であるかを峻別する。だから国家が歴史のなかで、とくに二十世紀において果たした凶暴な権力悪を振り返れば、国家そのものを悪であるとし、その廃絶を希求する思想が生まれたのは必然的であった。

国民意識としてのナショナリズム（国民主義）も同様に諸刃の剣である。ひとつのネイション（国民）全体を覆う精神形態であり、イデオロギーであり、運動であり、野蛮なナショナリズムは個々人の自由な選択を理不尽に束縛するからだ。権力にとっては国内の不満をてっとりばやく解消する格好の道具である。

先進国民国家が地球上を植民地として分割し、帝国主義戦争を繰り返したとき、ナショナリズムがむろん大きな駆動力となった。その逆に植民地解放闘争に大きな力を生み出したのもナショナリズムにほかならなかった。しかしそのナショナリズムもやがて排外主義を露わにした。ナショナリズムを乗り越えるはずであった社会主義はナショナルな意識を国民に徹底的に吹き込んだ。冷戦構造崩壊後は、社会主義の箍《たが》がはずれたなかから民族主義が噴出し、血で血を洗う戦いを繰り広げていることは前述したとおりである。ナショナルな問題を内側から乗り越えることなしに、ポストナショナルな世界は展望できない。

ナショナリズムが抱え込んでいる否定的な側面は、おおむねつぎの二点にまとめられる。第一に、ナショナリズムは「国民国家」の存在を自明の前提として、その構成員に「国民」という均質性を強制し、多元的な価値観を許容しない。第二にその裏返しとして、「国民」の範疇に入らぬ国内外の他者に対してつねに排他的・抑圧的に作用する。対外的な拡張意欲はその典型的な現われである。

国民の人権と多様な価値観を保障するのが近代市民国家の理念であったはずなのに、ナショナリズムはなぜそれに敵対する働きをするのだろうか。国民という共同体の外枠の箍が、ほんらいことなる審級に属するはずの国民個々の価値観をおなじ平面で締め付けようとするからである。ナショナリズムを憂える人たちはその外枠の締めつけに眉根をひそめ、愛国諸氏は箍がゆるいと危機感を煽る。

ナショナリズムに異様に怯《おび》えるのも、異常に嫌悪し敵対心をたぎらせるのも、逆に国家に対する悲壮な危機感をきりきりと募らせるのも、国威発揚の上げ潮に乗って「非国民」狩りをするのも、いずれも審級を混合したナショナリズムに原因がある。

ナショナリティ（ある国家の国民であること）の審級と個々人の自由や人権の審級ははっきり区別されなければならない。個々人はそれぞれに多様な価値観をもち、そのうえでそれぞれ個別のナショナリティに属しているのだから、両者は決しておなじ平面上で相争われるべきものではない。人権と多様な価値観を抑圧しないナショナリティの審級を確立することなしに、ナショナリズムの再評価はできないのである。

国民国家は国民の生命と安全を守り、国民のさまざまな人権を保障し、国民総体の利益（一般福祉あるいは国益）を追求することに存在理由があった。この国家の正当性の理念と限界設定にともなって、ナショナリズムの性格も変化する。ナショナリズムは国民が国家になにを期待し、なにを望んではならないかと思っている指標として眺めることができる。

各国家はそれぞれにことなる来歴を経て、ことなる個性を育てているから、ナショナリズムも国家の役割を支え促進するあり方のなかに固有の持ち味を発揮する。国家のそれぞれの時点における個別の政策について、あるいは国民のあるべき姿についてもさまざまなことなる理念を提出するだろう。

一国内においても、ナショナリティを支える特殊・個別なあり方はさまざまであり得るし、さまざまであることが望ましい。いくつものナショナルな意識が競合し交錯するなかからナショナリズムの多元的なネットワークが生まれる。それはまた他国のいくつものナショナリズムに出会い交流するなかからそのローカリティを成長させていくだろう。

個別でローカルなものはあくまで多様に、それを保障する仕方はあくまで普遍的に、そしてその普遍的な営みを活性化する運動はまたできるだけ多様なかたちで――この多様性と普遍性との交流によって、「国民」という存在が排他的・抑圧的になる罠を回避する可能性が開けるのである。

それがナショナリズムの成熟した姿である。だがその展望を語るためにも、次章では初々しき少年期を一度回想しておきたい。

第一章

希望としての「国民」

1　少年はネイションを目指す

†抵抗するナショナリズム

アメリカの独立革命、そしてフランス革命という欧米先進国の市民革命とともに誕生したナショナリズムは、ナショナリズムのひとつの祖型をつくりだした。だがここで取りあげたいのはもうひとつのナショナリズム、すなわち、先発国民国家によって侵略され植民地化された諸地域、あるいは植民地化の危機に晒《さら》された後進国の知識人や民衆が胚胎したナショナルな意識と運動である。

十九世紀の後半から二十世紀のはじめにかけて、アジア・アフリカ世界は欧米帝国主義諸国に侵略され、植民地あるいは半植民地として支配された。危機感から国民国家を急造した日本も、遅れて版図をひろげる計略に打ってでた。そして世界はひとにぎりの列強によって分割しつくされたのである。

これらの植民地や植民地化される危機にあった国や地域では、ナショナリズムとは民族の抵抗の意識であり原理であった（民族主義としてのナショナリズム）。しかし、その抵抗運動の理念と目標は国民国家という欧米近代モデルを採用しなければならなかった。そのようなモデルを採用した運動をナショナリズムと呼ぶといったほうが正確かもしれない。ここに西欧近代の並々ならぬ影響力を見るべきだろう。多民族社会から出来上がっていた多くの地域では、支配的な民族が少数民族を統合したり除外したりして、ひとつのフィクショナルな「民族国家」を目指したのである。

小は断髪・廃刀を拒否した神風連から、大はガンジーの非暴力・不服従の運動にいたるまで、西欧近代様式に対する抵抗もさまざまに試みられたが、いずれも近代化モデルの前に最終的には挫折した。西欧とはまったくことなる歴史的風土のうえに、しかし西欧近代化モデルによって国民国家を建設する以外に、民族自決の選択肢は考えられなかったのである。

第二次世界大戦後には、欧米の宗主国はみずからの衰弱と現地民衆の抵抗とによってつぎつぎに植民地を手放した。ナポレオンの海外遠征も、もともとはフランス革命で火をつけられた周辺諸国のナショナリズムの高揚によって最終的に敗北したという歴史の皮肉が思い合わされる。

植民地化あるいは半植民地化された多くのアジア地域では、宗主国が間接統治を選択したので、現地の支配階級が統治の実務を担い、また買弁資本を形成したから、知識人やその結社や党に導かれた民衆のナショナリズムは同時に階級闘争としても戦われた。

日本では、「黒船来航」という象徴的な事件が、日本という漠然とした文化的一体感と、観念のなかに潜在していたナショナリティに火をつけ、その危機意識は幕藩体制の身分秩序を解体する方向にまで進行した。統治階級の一員としての倫理的政治意識から出発した吉田松陰は、当初「攘夷」の意識をたぎらせたが、やがて「皇国」の一員であることに目覚め、階級間の壁を越えて、「皇民」の自覚だけを唯一の指標とする「草莽」の連帯を訴えるにいたった。「尊皇攘夷」という一点だけで結合したこのナショナリズムは、等価に皇民であるという意味で観念上の平等を保障されたが、この皇民というネガがポジに反転しなければ民主主義には到達できなかった。しかし、国民国家形成を大きな動機とした明治維新は、結果として幕藩体制という階級支配を解体させざるを得なかった。フランス革命に代表される市民革命はナショナリズムを当然の結果として生みだしたが、日本ではナショナリズムが市民革命の役割を不完全ながら代行したと言ってもいい。

†城下の少年

少年期のナショナリズムが生みだした物語は、あるときは人々のこころを躍らせ、またあるときは人々のこころをなぐさめる。そこに語りだされているのは、ちまちまとしたムラ社会や郷党意識を越えて、より普遍的な国民国家にみずからのアイデンティティを確認し、すすんでその犠牲になろうとする民衆の物語であった。もちろんそれは理想型であるし、またその愛国心をたぎらせた理想型が、他国のナショナルな意志に対しては憎悪心をみなぎらせ、暴虐をしつくす原型でもあった。だが事後的な知識で少年期の初心を無にすることはつつしみたい。初心を見つめるなかに、ナショナリズムを転轍するヒントが潜んでいるかもしれないのだから。

明治元（一八六八）年に熊本城下に生まれた石光《いしみつ》真清《まきよ》の手記『城下の人』四部作は、明治初年代から日露戦後までを語る日本ナショナリズムの古典として広く知られている。その少年時代の真清の眼に焼き付けられた西南戦役の記憶のなかに、印象深い一コマがある。熊本城を攻撃する薩軍の兵士が城下の村に兵糧の買出しにきたとき、その隊長が村の老人に語った言葉だ。「薩摩を出る時は一挙に熊本城を揉み潰す考えだったが、中々鎮台兵も強く、われわれの考えは根本から覆された。何んの教育も受けない若者どもも、鋤鍬、そろばんに代えて銃を執れば、立派な武士となり、われわれや熊本武士を向こうに廻して見事に戦う。日本も末頼もしいことだ」。聞かされた老人は「お侍の心理」を理解しかねるが、ここには反乱士族のまなざしが捉えたナショナリズムの像が見事に描きだされている。

戦役のあいだ、薩軍、政府軍ともに民家に押し入って乱暴狼藉を働くということは奇蹟的になかった。とはいえ双方の殺しあいは酸鼻をきわめ、とくに「戦闘終了直後の政府軍の士卒や軍夫の殺伐さというのは、人間の所行とはおもえない」、と司馬遼太郎は述べている。「戦争を高貴なものとして教えられてきた薩人に対し、百姓あがりの鎮台兵が戦争の本質が何であるかを教えているようでもあった」とも記している（『翔ぶが如く』）。

これは自身一兵卒として日本陸軍の末路をつぶさに眺めた歴史作家の後年の感想であって、このとき戦闘に加わった者、眺めた者双方に醸成されたのは、戦争の悲惨さの意識であるよりはナショナルな意識の高揚であった（司馬自身、『翔ぶが如く』のまえに、日露戦役を題材にした大作『坂の上の雲』を書いていた)。

真清の叔父にあたる政府軍の野田軍吏正は戦役後に、「西郷どんも無茶をされたもんだ。陸軍にとっては惜しい将軍だがなあ」と感想を漏らしたあと、「もう日本は国内戦争などしている時ではない。四面何れを見てもわが国を狙う敵ばかりだ。早く軍を拡充して外敵に備えなければならん。どうだ坊達は成人したら何んになるつもりか」と真清に尋ねる。当然のように「軍人になります」と答えた真清は、のちにシベリアや満州の地で日本軍のための諜報活動に一生を捧げる。

真清には竹馬の友であり、士官学校では席を並べたひとりの親友がいたが、その後訳あってふたりは義絶した。その友と真清は日露戦争の満州の戦地で再会し、戦死を予感した友が自分の人生と時代を述懐する印象的なシーンがある。

「い、時代だった、俺は明日死んでも悔いることはない、恨むこともない。考えてみろ、御維新前だったら俺は熊本の片田舎の貧乏百姓で一生暮さねばならんかったろう。貴様は武士の子だ、俺は百姓の子だ。貴様などと言ったらお手打ちになる」、と言って大声で笑い、真清の肩を叩いてもう一度繰り返す。「い、時代だった。この時代のためなら俺はよろこんで死ぬ」。

「イエ」が親族単位のエゴイズムであるように、ナショナリズムも国（国民）単位のエゴイズムであったことは否定しがたい。しかし上層階層にとって「イエ」がひとつの超越であったなら、国民国家の国民にとって国はまぎれもない超越項であった。そこにナショナリズムの宗教的な魅力が潜んでいると同時に、恐るべき罠《わな》も仕掛けられていた。『城下の人』四部作にかぎらず、血湧き肉躍らせ、そして深い感慨に誘うナショナリズム文学は国内外に多く残された。それらの献身と連帯のテーマにいろどられた熱い物語に、いま身を浸しているだけではすまされない。国民国家草創期の文脈からテクストだけを切り取って恣意的に現代に貼り付けたとき、それはかんたんに独善的で感傷的なイデオロギーに転化するだろう。焦慮に駆られたかつての後発日本は、強大国に対抗して国民国家を建設し、後れた侵略を開始したあげく、最終的に敗れて、最初の国民国家段階にまで領土を縮小させられた。われわれはこの位置から近代日本の少年期を振り返らなければならない。

もちろん現在から少年期を振り返ってあれこれ批判するのはたやすい。あくまでその時代の状況とそこに感じ取られていた課題という与件のなかでテクストを読み、いまのわれわれの位置からの距離の意味を探りだすことが肝要だ。

これから二冊の書物を取りあげたい。ともにナショナリズム文学の白眉とも言える作品だが、一冊は国民国家草創期のイタリアで書かれた児童読物、もう一冊は熱烈なナショナリストにして平和主義の基督者が日露戦後に語った講話の記録である。どちらも戦前から読みつがれてきた作品だが、とくに敗戦後の日本での読まれ方に注目したい。これらの作品をひそかに読みついだ戦後の少年少女は、そこにどんな自分を見つけていたのだろうか。

2　「愛の学校」の創立者

†少国民たちのイタリア

私がはじめて買った文庫本が『クオレ』であった。いま手もとに残っているのは下巻だけだが、このボロボロになった角川文庫の奥付には「昭和三十二年四月三十日初版発行」と記されている。この年、私は小学五年生であった。学校嫌いの内向的な少年が

「愛の学校」という副題のこの本に惹かれたのは、おそらくオールタナティヴな学校のイメージを連想したためだった。

少年時代の愛読書となったこの本が、国民国家草創期のイタリアで、いわば国民教育の教材として創作された作品であることを知ったのは、ずっと後年のことである。いま読み返せば、たしかに新興独立国家の少年たちに対するメッセージに溢れかえった作品である。

いくつもの小国に分立競合し、そのいくつかは外国の支配を受けていたイタリア半島が漸く統一を完成したのは、一八七〇年のことであった。その独立戦争に軍人として加わった経歴をもつデ・アミーチスが一八八六年に発表した作品が、この『クオレ』である。イタリア北西部トリノの小学四年生エンリーコが書いた（という設定の）一八八一年の十月から翌年の七月までの日記、その日記にかれの家族が付けたコメント、そして月に一回担任の先生が話してくれるイタリア各地の少年たちの感動的な挿話である「毎月のお話」から本作品は構成されている。「母を訪ねて三千里」の有名な挿話はその全九話のうち第八話に当たる。

トリノの小学校の日々を記した日記には、出身階層も違えば家庭環境もことなる少年たちがさまざまな葛藤を孕《はら》みつつ、教師や父母の指導のもと、次第に成長していくさまがじつに感動的に描かれている。「毎月のお話」に登場する英雄的な少年たちは、実際の等身大の少年たちの手本のような存在である。全篇を通じて道徳主義的な教訓やできすぎた話、いまから見れば鼻白む記述も少なくない。しかしそれは事後的な視点から見た場合で、当時の歴史環境のなかにこの物語を置いてみれば、間然するところはあまりなかったに違いない。

語り手のエンリーコはインテリ中産階層の息子でクラスの優等生だが、これといった特徴はあたえられていない。むしろこの狂言回しの眼をとおして、職人や労働者の息子である級友たちが個性的にじつに活き活きと描かれている。かれらはそれぞれ経済的に、家庭的に、学力の上で、あるいは身体的に、ハンディを負っている。作者はかれらを決しておなじ能力をあたえられた存在としては描かない。階級間の矛盾も指摘しない。だが意識の上で差別もしていない。

職人や労働者は新しい国民国家の発展にとって欠くべからざる存在である。エンリーコの家に左官屋の息子が遊びに来たときのエピソードが日記に登場する。教室でウサギの顔をしてみんなを笑わせるこのひょうきんな少年は、あだ名もそのまま「左官屋さん」

である。その日も石灰で白くなったジャケツがかれの知らぬまに椅子の背を汚してしまった。はたこうとするエンリーコの手を押し留めた父親は、その日の日記にこんなコメントを書き込んでいる。

知っているかい、おまえは、なぜわたしがおまえに長いすをはたかせまいとしたのか、そのわけを。友だちが見ているまえでそれをはたけば、なぜよごしたのかと責めると同じことになるからです。それはよくないことです。なぜなら、第一に、あの子はわざとしたのではないからです。第二に、あの子は父親の着物をきていたので、父親が働いていてつけたしっくいを、あのいすにつけたのだからです。働いているときについたものは、きたなくはありません。それがほこりであろうと、石灰《いしばい》であろうと、ニスであろうと、そのほかなんであろうと、きたなくはありません。労働はきたないものを生みません。しごとをしてきた労働者のことは、けっして「きたない」などといってはいけませんよ。「あの人の着物には労働のしるしが、労働のあとがついている」と、いうべきです。よくおぼえておきなさい。そして、おまえは「左官屋さん」を愛さなければいけませんよ。第一には、おまえの同級生であるからです。第

二には、労働者のむすこであるからです。（前田晁訳、以下同様）

ここに父親のプチブル教養層の偽善を読み込むのはたやすい。このコメントは作者の考えそのものと捉えてまちがいないが、しかし作品全体のなかで「左官屋さん」はつねにひょうきんで愛すべき性格をあたえられていて、エンリーコの父親よりはずっと読者の記憶に残る存在である。

イタリアの統一運動がガリバルディのような英雄を必要としたように、つぎの世代の国民を創りだす学校にも英雄的な存在が生まれた。このガルローネという名の少年は機関士の息子であった。持ち前の腕力と精神的な威力にものを言わせて、弱いものいじめをする級友たちに睨《にら》みをきかすとともに、ひ弱な級友のひたすらな努力には心から応援を惜しまない、豪傑タイプの少年である。

だがかれら労働者の予備軍は五年生を終えると、中学に進級するエンリーコたちとは分かれ分かれになる。エンリーコがかれらとは「それきり」になると書いたことに対して、父親がコメントしている箇所がある。

〔……〕あの子たちが労働者の子であるために、とくに仲よくまじわらなければいけません。よいか、上流の者は将校である。下流の者は労働の兵士である。そして社会においてもまた軍隊におけると同じことで、かならずしも兵士が将校よりすぐれていないとはいわれない。なぜなら、すぐれているということは働きにあるのであって、賃金にあるのではないからだ。勇気にあるのであって身分にあるのではないからだ。いや、それればかりではない、もし功績という点からいえば、その仕事からすこしの利益をとる兵士のほうが、労働者のほうが、すぐれていることになる。だから、おまえの友だちのうちでも、労働の兵士の子をば、ほかの者より以上に愛し尊敬しなさい。

〔……〕またこうじぶんにお誓いなさい、これから四十年ののち、もしある停車場を通っていくとき、年とったガルローネが機関士の服をきて、まっ黒な顔をしているのを見つけたならば、――ああ！　わたしは何を誓うようにおまえに告げてよいか考えることができない。わたしはたしかにおまえが、機関車にとびこんで、おまえのうでをかれのくびにかけるだろうと思う。たとえおまえがこの王国の上院議員になっていようとも。

かなり鼻持ちならない。しかし父親がなんと言おうと、ガルローネの輪郭は全篇これまた筆太に描ききられているのだ。そして四十年後という一九二二年がムッソリーニのローマ進軍の年に当たることを私たちは知っている。愛国的な自由主義インテリの子息であるエンリーコがその時どんな位置にいるのか、機関士のむすこであるガルローネはファシスト党の一員になっているのか、あるいは共産党員であったのか。いずれであれ自由主義的な国民国家の夢はすでに敗れ、リソルジメント（国家統一運動）の到達できなかった国民的統一を支配層と大衆との反動的合作によって新たに達成しようとしていた時のことだ。

†ロンバルディアの少年斥候

国民国家を支えるのは「労働兵士」であるとともに、国家の独立を守る文字どおりの兵士であった。息子を陸軍の志願兵に出している校長先生が兵隊の行列を眺めながらエンリーコたち生徒に訓示する場面がある。

みなさん、みなさんは兵隊さんに感謝しなければなりませんよ。あの人たちはわたしたちを守ってくれるのです。もし、あすにも外国の軍隊が、この国を攻めてくるようなことがあれば、われわれのためにいのちを捨ててくださるのです。あの人たちも少年です。みなさんよりいくらも年上ではありません。それに、あの人たちもやはり勉強しています。あの人たちのなかにも、ちょうどみなさんとおなじように、貧しい人もあれば金もちもあります。そしてイタリアのあらゆるところからきています。ごらんなさい。顔でどこの人かがわかるでしょう。シチリアの人もいれば、サルデーニャの人も、ナポリの人も、ロンバルディアの人もいます。これは古い連隊で、一八四八年に戦った連隊のひとつです。あの人たちがそのときの兵隊ではありませんが、軍旗はやはり同じものです。みなさんが生まれる二十年もまえに、あの軍旗のもとで、どんなに大ぜいの人が、国のために死んだかしれません!

ここで強調されているのは、兵士たちは国のあらゆる地域から、そしてあらゆる階層からやってきて、ひとつの国家を守るという役割を等しく果たしているということだ。この月の「毎月のお話」は、「ロンバルディアの少年斥候」という少年愛国者の話であった。一八五九年のロンバルディア解放戦争のさなか、オーストリア軍に対峙していたイタリア軍の小隊の将校が、戦場の村に取り残されたひとりの少年に出遭う。「ぼくは捨て子です。人の仕事をすこしずつしているものです。ここには戦争を見たくて残っていました」と言う少年に、将校は木のてっぺんに登ってオーストリア軍の動向を探ってくれないかと頼む。「お礼には何がほしい？」と聞かれた少年はきっぱりと答える。

「なんにもいりません。おもしろいことですもの！　でも——これがもしオーストリア人のためだったら、どうしたってぼくはやりはしません。でも、じぶんの国のためですもの！　ぼくはロンバルディア人です！」

少年は木の上で敵軍偵察の役目を見事に果たし、「おりてこい」と言う将校の叫びも聞かずにさらに偵察をすすめていたが、ついに狙われて敵弾に命を落とす。将校は遺体をいったんその場に葬ろうとするが、思いなおして言う。「たんかをよこそう。軍人として死んだのだから、軍人が葬るべきだ」。少年は軍人として軍隊の敬礼を受けて葬送されたのであった。

小さな村の社会から孤児として疎んじられていた少年が、みずから国民という自覚を帯び、さらに軍人として敬意を表された瞬間であった。それはいまは小さく貧しい祖国も、いずれは大国に伍す立派な国民国家に成長していくという希望の暗喩でもあった。だがそれは、この少年のような祖国建設の犠牲のうえにはじめて担保される希望であった。国民という共同体は戦没兵士という供犠《くぎ》なしには築かれなかった。村の余計者は命と引き換えに国民の血統にみずからを位置づけ、国民国家の口碑《こうひ》となる。国家の希望と一少国民の希望とは反転して重ね合わせられたのであった。

†サルデーニャの少年鼓手

この二か月後の「毎月のお話」は「サルデーニャの少年鼓手」であった。一八四八年、イタリア軍の分隊がオーストリア軍の攻撃を受け絶滅寸前になっていた。援軍を求めるために指揮官の大尉は少年鼓手を使いに出し、少年は弾丸の行きかう戦場を駆け抜けていく。

しかし少年を見守っていた大尉は、何度も倒れたり休んだりするさまにいらいらして、「ああ、ろくでなしの腰ぬけめ！　すわりこみやあがった！」などと叫ぶ。それでも少年はついに友軍のもとに達し役目を果たした。その日の戦いはイタリア軍の勝利に終わった。

その夕方、臨時野戦病院に傷の手当てにきた大尉は負傷して横たわる少年鼓手に出会う。大した負傷とも見えぬが、大尉は気遣って、「きっとたくさんの血が出たんだろうが?」と語りかける。

「たくさんの血が出ましたとも!」と、少年はにっこりしながら答えました。「血ばかりじゃありません。ここを見てください。」

そういって、少年はぐいと、かけぬのをかきのけました。

大尉はぎょっとして一歩とびのきました。

少年は片足しかありませんでした。左の足はひざの上から切られていました。その切り口には血のにじんだ布がまきつけてありました。

通りかかった軍医が、「あんな気ちがいじみたむりさえしなけりゃあ、足が一本助かったのですに」と大尉に説明した。大尉は静かに帽子を取った。少年が叫ぶ。「なにをなさいます? わたくしに!」。

すると、かつて部下のものにやさしいことばひとつかけたことのなかった、このぶこつな大尉が、なんともいえないやさしい情愛のこもった声で答えました。——

「わしはただ大尉にすぎないが、おまえは英雄だ。」

そして大尉は、両腕をぐっとひろげて少年鼓手の上に身を投げかけると、その胸の上に三度せっぷんしました。

木口小平や爆弾三勇士の軍国美談を髣髴《ほうふつ》とさせる。岩波少年文庫版の前田晁の訳者あとがきは、そのことを懸念してつぎのように解説している。

また、「毎月のお話」の中には、明らかに戦争物と見られるものが二つあります。少年斥候と少年鼓手とです。どちらも独立戦争のあいだの挿話で、勇ましい少年のはたらきですが、このほかにもまだ、英邁な将軍をほめたたえたものもあれば、軍隊に感謝することを教えたものもあります。けれども、これをもって、作者が軍国主義を鼓吹したり、侵略主義を主張したりするもののように思ってはなりません。

前田は、その理由としてイタリア独立の意義を強調し、「作者はこの感激が国民の胸から消えないうちに、いっそう国民の自覚をはげまし、強い自信とほこりとをもって、じぶんの生まれて育った国、父母が住み、祖先が住んだ国を、みんなで心をあわせて、守って、再び外国人の支配をうけたりしないようにしなければならないと思ったのです」と述べる。日本の敗戦後十年目に書いたこの文章で、前田は侵略的な軍国主義と民族独立のナショナリズムとを截然《せつぜん》と区別する意志を表明したかったのであろう。

後年の百科事典の記述には、国民国家形成期のイデオロギーそのものに対する批判的な視点が登場する。「善と悪、強者と弱者のあまりに類型的な書き分け、祖国と軍隊への手放しの賛美など、独立、国家統一を達成してまだ日の浅いイタリア社会の支配的なイデオロギーをなんの批判もなく打ち出すという問題点をはらみながら、《クオーレ》は世界中で人気を博した」（CD-ROM版『世界大百科事典』第二版、古賀弘人執筆）。

現在のもっとも標準的な研究書では、『クオレ』は民衆の側からの自発的な国民形成を働きかけた教材として位置づけられている。

近代イタリアの国民形成は、学校・軍隊といった国家装置によって上から行われただけではない。それに呼応する形で、家庭という私的領域において、下からも行われたのである。この下からの国民形成に寄与したのが、一九世紀末から二〇世紀前半にかけて子供たちに読まれた『クオーレ』であった。『クオーレ』は、国家の求める価値規範・社会規範を、国家の要求を先取りする形で子供たちに提示し、上からの国民形成の受け皿となったのである。そこに、一九世紀後半のイタリアにおける、下から形成されていった集合的心性を見いだすことができるだろう。

（藤澤房俊『「クオーレ」の時代』）

こういう視点は、国民国家成立期から軍国主義の時代に至る戦前の日本で『クオレ』が愛読された理由は説明できても、戦後になって、そしていまでも少年少女に読まれている事実を説明できない。

†正しい誇りと正しい謙虚さと

定訳として今日にまで読みつがれている前田晁訳の岩波少年文庫は一九五五年の初版、

私の次女が小学校時代に買ってきたのが一九八四年の版で、上巻がすでに三十三刷り、下巻が三十一刷りであった。その後もだいぶ版を重ねたはずである。

私が少年時代に愛読した角川文庫版の矢崎源九郎による訳者あとがきは、「〔作者は〕眼を社会問題の全般に向けて、特に少年たちのために『クオレ』を書きました。作者としては、この本を通してイタリアのすべての少年が広い愛の心をもった、立派な人になってもらいたいと願っていたのです」と、かなりのんきな書きぶりだが、ピントをはずしてはいない。作家の畑山博は戦後に読みつがれてきた『クオレ』の秘密をつぎのように的確に指摘している。

人間としてもっとも高貴な事がらはなんなのか。

このいちばんたいせつなことを、学校では教えていない。選ばれたいくつかの物語や、本の中にだけしか、もうそれは描かれていない。『クオレ』は、そのことを教えてくれる本の一つである。

人間としてもっとも高貴な事がらはなんなのか。そのヒントは四月の物語と最終章とにある。

この世には、生まれながらにして損な役割を生きなければならない者たちがいる。その者たちに正しい誇りを。

この世には、生まれながらにして得な立場を生きる者たちがいる。その者たちは正しい謙虚さを。

たがいにそれをもち合い、もち合った者どうしの間に真の友情が存在するとき、人間はもっとも高貴にかがやくのだ。

（「思い出の中の『クオレ』」）

この「人間としてもっとも高貴な事がら」はいったいどのようにして可能になるのだろうか。「生まれながらにして得な立場を生きる者たち」と「生まれながらにして損な役割を生きなければならない者たち」とのあいだの友情は、どこから生まれてくるのか。出身地や階層や能力を越えて愛が芽生えたり、濃密な友情が育まれたりすることはさほどめずらしくはない。しかしエロス的な個別の関係はおのずと周囲に境界を設ける。労働者のむすこを労働者のむすことして愛したり、少年兵士を兵士として尊敬したりする心情は何が保障しているのだろうか（それがかなり幻想であったとしても）。これを解く鍵がナショナリズムである。

『クオレ』という作品は、ナショナリズムのプロパガンダ性があるにもかかわらずすぐれた児童読物なのではなく、ナショナリズムの枠組みのなかではじめて可能になった友情物語なのである。

作中、イタリア半島南端のカラブリアから転校してきた少年を担任の先生が生徒たちに紹介する箇所がある。

> わたしがこれからいうことを、よくおぼえていてください。カラブリアの子どもがトリノにきても、じぶんの家にいると同じ思いをし、また、トリノの子どもがカラブリアのレジオへいっても、うちにいると同じ思いをすることができるために、わが国は五十年のあいだ戦いました。そして三万のイタリア人が死にました。みなさんは、みんながたがいに尊敬しあい、愛しあわなければいけません。もし同じ地方に生まれなかったからといって、この友だちにいやな思いをさせるものがみなさんのうちにひとりでもあれば、その人は、歩くときに目を地上からあげて、二度とふたたび三色旗をあおぎ見るねうちのない人となるでしょう。

郷党意識が強いだけではなく、ローマから南はイタリアではないなどといまだに北イタリアでは言われることのあるイタリアで、北部ピエモンテの少年と南部カラブリアの少年とがたんに級友としてではなく、おなじイタリア人として対等の人格を認めあうためには、三色旗に象徴されるナショナリティが不可欠であった。

このナショナリティはもちろん観念にすぎない。制度としてやっと保障されたナショナリティは、人々の心にやどる観念によってしか生きのびられない。だがこのおなじイタリア国民であるという観念によってこそ、「生まれながらにして損な役割を生きなければならない者たち」がそれでも堅実な誇りを胸に抱き、「生まれながらにして得な立場を生きる者たち」が謙虚さを忘れないでいられるのだった。

もちろん歴史は多くの面でこの予定調和を裏切った。この観念は地域間や階層間の差別構造を隠蔽したまま均一性を標榜したが、と同時にこの均一性によって差異を残しつつ差別を取り払う方向に進んでいくことをも、幻想としてではあれ可能にした。

惨めで貧しい敗戦後の日本社会のなかで、いまいちどみんなの友情によって民主的な国を立ち上げようとした少年少女たちの意志が、『クオレ』を愛読させたのかもしれない（戦後に残存した軍国的な意識がかれらに『クオレ』を読ませたのではなかった。現に私が『クオレ』についで愛読したのは、「清兵衛と瓢箪」であった）。

しかし国を担う意識を禁じ手にされた少年少女たちは、国民同士の友情物語をも風化させていった。次第に『クオレ』はうそくさい物語として敬遠されるか、うそくさい現実に対する禁欲的なアンチテーゼを提供する物語としてひそかに読まれるようになったのではなかったか。

公民が公民になり、その公民同士がお互いの尊厳を認めあう関係はどのようにして可能になるのか。歴史的には国民（ネイション）がその観念的な、そして国民国家（ネイションステイト）が制度的な土壌を準備した。国民国家のマイナス面がさまざまなかたちで現出している現在、しかし赤子ごとたらいの水を流してしまうわけにはいかない。どうやって赤子を救い出すか。ナショナリティを改造するのか、ナショナリティに替わるものを見つけ得るのか。『クオレ』の幻想につきあうことは、その観念的な突破口を見つけるヒントを与えてくれるのではないだろうか。

3　敗戦後に読む「デンマルク国の話」

†四十年前の敗戦国民

いま手もとにある岩波文庫の一つ星、内村鑑三『後世への最大遺物　デンマルク国の話』は「昭和四九年三月三〇日発行」の第二九刷だが、初版刊行が「昭和二一年一〇月一〇日」と記されている。鈴木俊郎の巻末解説によると、戦前の『後世への最大遺物他二篇』を再刊するに当たって、岩波文庫編集部の方針で「今日の困難」「カーライルの婦人観」の二篇に差し替えて、「デンマルク国の話」を載せることになった。鈴木は、「時宜に適へるものであつて同感に堪へません」と、この方針に賛意を表している。

たしかに時宜に適った企画であった。敗戦直後の日本人に向けて、さながら熱烈な愛国者であった内村が語りかけているように読める。もちろんこの時内村はすでに故人であり、この文章は明治四十四（一九一一）年の講演録である。文庫版でわずか十五頁の小文だが、じつに気合が入っている。

デンマークは現在でも国民の生活水準が高く社会福祉の行き届いた国として知られているが、当時も、国民一人当たりの富は英国人や米国人を凌駕すると内村は述べている。ところがデンマーク本土の面積は九州に及ばず、良港には恵まれず、地下資源にも乏しく、土地はもともと肥えてはいなかった。さらにそのわずか四十年ほど前の一八六四年には、プロイセン・オーストリアとの戦争に敗れ、南部の肥沃な領地であるスリースウィーとホルスタインが割譲された。

その敗戦国がわずかのあいだにそれだけの富を築きあげた陰には、どのような努力と工夫があったのか。その業を推進した父子の事績を主軸に、内村はデンマーク国家再建の歴史を語りはじめる。

敗戦後の打ちひしがれた状況のなかで、ダルガスという工兵士官がひとり故国再建の方途を提案した。ユトランド半島の不毛の荒野に水路を通し木を植えて、沃土に変えようという壮大なプランである。

〔……〕彼は彼の国人が剣を以て失つたものを鋤を以て取返さんとしました、今や敵国に対して復讐戦を計画するに非ず、鋤と鍬とを以て残る領土の曠漠と闘ひ、之を田園と化して敵に奪はれしものを補はんとしました、誠にクリスチヤンらしき計画ではありません乎、真正の平和主義者は斯かる計画に出でなければなりません。

ダルガスは、かつて信仰の自由を求めてフランスからデンマークに逃れてきた人たちの子孫であった。その受け継がれた精神に内村はむろん着目する。

荒野に水を引くことに成功したダルガスはノルウェー産の樅の木を植林するが、数年で枯れてしまう。ユトランドの痩《や》せた土地はそれ以上の栄養を賄《まかな》えなかったのである。ダルガスはさらに研究の末、樅のあいだにアルプス産の小樅を植える方法を思いつき、その結果、両者は助けあって成長していくように見えた。しかし、大樅はあるところで成長を止めて、木材が取れるほどには大きくならない。農民たちは「ダルガスよ、汝の預言せし材木を与へよ」と言って、かれに迫った。「恰かもエジプトより遁《のがれ》出《い》でしイスラエルの民が一部の失敗の故を以てモーセを責めたと同然でありました」。

この危機を救ったのが、ダルガスのむすこであった。小樅はあるところまでは大樅の成長を促すが、それ以上は逆に妨害することを発見したのである。時期を計って小樅を切り払うことで大樅はつぎの成長をとげ、ついに立派な林を見るにいたった。大樅は木材を提供しただけではなく、夏季の降霜を防ぎ、穀物や野菜の栽培を可能にした。不毛の荒野は肥沃な農地に、そして豊かな酪農の地に生まれ変わったのである。

†敗戦必ずしも不幸ではない

然し木材よりも、野菜よりも、穀類よりも、畜類よりも、更に貴きものは国民の精神であります、デンマルク人の精神はダルガス植林成功の結果として茲に一変したのであります、失望せる彼等は茲に希望を恢復しました、彼等は国を削られて更に新たに良き国を得たのであります、而かも他人の国を奪つたのではありません、己れの国を改造したのであります、自由宗教より来る熱誠と忍耐と、之に加ふるに大樅小樅の不思議なる能力《ちから》とに由りて、彼等の荒れたる国を挽回したのであります。

〔……〕

今、此所にお話し致しましたデンマルクの話は、私共に何を教へます乎。

第一に戦敗必しも不幸にあらざる事を教へます、国は戦争に負けても亡びません、実に戦争に勝つて亡びた国は歴史上決して尠くないのであります、国の興亡は戦争の勝敗に因りません、其の民の平素の修養に因ります、善き宗教、善き道徳、善き精神ありて国は戦争に負けても衰へません、否な、其の正反対が事実であります、牢固たる精神ありて戦敗は却て善き刺激となりて不幸の民を興します、デンマルクは実に其の善き実例であります。

つづいて内村は、「天然の無限的生産力」を利用して、外に拡張するよりも内を開発すべきことを説いている。文庫版解説によれば、樹を植えよという主張は内村の生涯の訴えであった。キリスト教徒として、天然自然は神の被造物であったとしても、内村にはそれに尽きない自然への敬意が感じられる。

最後に内村は、国の真の実力は軍事力にも経済力にもなく、信仰にこそあることを高らかに語りかける。この信仰の項にさまざまな思想を代入して読むことが読者に許されてよいだろう。

講演のなされた明治四十四年は日露戦勝後数年、政府も国民も、かつて独立の危機をひしひしと感じながら欧米主導の国際社会を生きていた緊張感を忘れ、弛緩した大国意識が蔓延しようとしていた時期である。内村はこの大国意識に、小国にして戦敗国であるデンマークの健気な愛国主義の事績を対置することで反省を迫った。尊大なナショナリズムの風潮に警鐘を鳴らし、自恃の精神に富んだ高潔なナショナリズムを提唱したのである。大正末年から、軍備撤廃、満蒙放棄の小日本主義を唱えた石橋湛山の主張にも一脈通ずる思想であった。

国民の信念と研究と努力によってはじめて可能になったナショナリズムのひとつの類型を、内村は事実に即して提示した。その国家再建の精神と仕事に対して、聴衆や読者が敬意を払うであろうことを内村は信じて疑わない。他国のすぐれたナショナリズムのあり方に相応の敬意を払うことは、自国のナショナリズムが備えるべきマナーであった。

内村が講演したのは明治末年である。岩波文庫版をはじめに読んだのは敗戦一年後の日本国民であった。内村はデンマーク再建の話を明治末年の増長するナショナリズムの風潮のなかで語った。しかし敗戦後の読者は、八十年前のデンマーク人にみずからを重ねて読んだのではなかったか。増長したナショナリズムの結末を噛み締めて読んだ読者はどれくらいいたのだろうか。

「デンマルク国の話」をみずからのこととして読めば、むしろ心奮われる読書になるだろう。戦争に敗れたことで戦後の日本人はたしかにさまざまな重荷を負わなければならなかった。だが大東亜戦争は侵略戦争であった。だからデンマーク人にみずからを重ねて感動した健気な少年少女は、日本国民が誇りを回復するためにはデンマーク人とはことなる回路をたどらなければならないことをいずれ自覚しなければならなかった。私も二十代の半ばに「デンマルク国の話」をはじめて読み、素直に感動した。だが一抹の淋しさと恥じらいが胸のうちをよぎったという記憶はない。

まとめておきたい。第一に、内村は「一等国民」を気取る明治末年の日本国民に、戦争に敗れた小国を再建する真摯な努力を対置した。

第二に、その再建の努力は、軍事力すなわち排外的暴力によってではなく、自助の精神によって国を富ますことで成しとげられた。

第三に、デンマーク再建の物語は、他国民の読者を鼓舞し共感を呼ぶ精神に貫かれていた。デンマークに生み出されたナショナリズムが新たな可能性をもっていただけでなく、それに共感する他国民のナショナリズムをも喚起する可能性を内村は開発したのであった。

もちろんその可能性は未発のまま敗戦を迎えた。岩波文庫の新たな読者にバトンタッチされたこと、それがつぎの章のテーマとなる。

第二章

国体論の廃墟のなかで

1　愛国心の変身

†「無ナショナリスト」

ヨーロッパ先進諸国においては、民主主義とナショナリズムはともに市民階級が市民革命のなかで育み、またその成果として獲得したものだった。ヨーロッパの絶対君主やそれを取り巻く貴族たちは、もともと出身も生まれた場所も支配地域の住民とは無縁の存在であったから、フランス革命に代表される民衆の戦いは同時にみずからのネイションを確立するための戦いでもあった。すなわち、「国民主権」という民主主義の基本原理は、「国民国家」を支える精神であるナショナリズムと同じ場所で生み出されたのであった。

ところが近代化に遅れた地域では、対外的な危機意識がまず生み出され、その運動のなかで醸成された国民という共同体意識が民主主義を育てる土壌になるという筋道を進んだ。しかし昭和戦前期の日本では天皇を絶対化する「国体」論という独特のナショナリズムが市民的な民主主義の発育を阻み抑圧した。そのため「国体」の崩壊した敗戦後は、占領軍の強権に後押しされつつ、民主主義はいまいちど鍛えなおされなければならなかった。

敗戦の年に旧制高校生であった国際政治学者の坂本義和は、一九六〇年に新安保条約が成立したあと、混迷を深める大衆運動を分析するなかで、この民主主義とナショナリズムとの不幸な関係についてつぎのように回想している。

〔……〕日本のデモクラシーは日本のナショナリズムの崩壊なしには不可能であったし、デモクラシーが正教として確立される瞬間に、ナショナリズムは異教として葬り去られなければならなかった。敗戦前においては、国民の大多数はナショナリスト＝反民主主義者であり、ごく少数の民主主義者（単なるリベラルではなく人民主権信奉者）は反ナショナリストであったが、戦後はそうした伝統がちょうど裏返しになって、ごく少数の反民主主義的ナショナリストを除いて国民の大多数は民主主義的反ナショナリストとなった。戦後日本の政治意識とその混迷との核心の一つは、まさにデモクラシーとナショナリズムとのこの相反的な不安定さに求められよう。そしてデモクラシーが正統性を確立して行くその過程でナショナリズムが抹殺されなければならなかった結果、戦後の民主主義者は、反ナショナリストだからといって必ずしもインターナショナリストではなく、むしろ「無ナショナリスト」となる傾向をたどらざるをえなかった。これほどまで大量の「無ナショナリスト」を産み出したということは、世界に類例をみない戦後日本政治に特有の現象といわなければならない。

（「革新ナショナリズム試論」）

この事実認識は戦後生まれの団塊の世代にも引き継がれて、ひとつのコモンセンスを形成した。私の実感もほぼこの観察に重なりあう。この民主主義とナショナリズムとの二項対立は戦後思想史の主要な対立軸をつくりだし、今日でもナショナリズム批判者はおおむね民主主義信奉者であり、ナショナリストの多くは戦後民主主義の批判者である。もちろん、「自由主義史観」という標榜の仕方にも見られるように、ナショナリストも戦後的な価値を認めないわけではない。一方、ナショナリズム批判者のなかには、ナショナリズムと民主主義とが決して対立するばかりの概念ではないことを踏まえて、ナショナリズムを支える危険性をつねに保持している民主主義に手放しの評価をあたえず、その実質の点検を怠らないように訴えるリベラリストの立場もないわけではない。

†「民主」と「愛国」

ほとんど自明とされてきた民主主義とナショナリズムの対立という戦後認識に疑問を呈し、そこから出発した戦後批判に異議を唱え、その反措定を浩瀚な研究として提示したのが、小熊英二の『〈民主〉と〈愛国〉』であった。「民主」を戦後進歩派に、「愛国」を保守派に自明のごとくあてがい、その土俵の上で「民主」側の無国籍ぶりを論難する昨今の保守派のパターンに対し、敗戦後の思想の現場においては「民主」と「愛国」は相対立するものではなく、むしろ屈折した戦争体験を思想化し、民衆の横の連帯を確立するための模索のなかで同時に提唱された概念であったことが強い説得力をもって提起される。

本書の基本的なスタンスは「戦後思想とは、戦争体験の思想化であったといっても過言ではない」というテーゼに尽きる。戦後の言説の担い手たちは、世代によって、またそのなかでもおかれた境遇によってさまざまにことなる戦争体験を強いられた。しかし共通して言えるのは、だれもが戦争によって深く傷つけられた体験を引きずって戦後の言論世界に登場したことである。小熊はこの差異を綿密に検討し、それを思想に生かしきった場合と屈折したまま混濁した思想を吐き出した場合とを丁寧に仕分けていく。

小熊は一般に「戦後」と言われている時代をふたつの時代に区分する。敗戦直後からの十年間が「第一の戦後」である。この最初の「戦後」は一九五五年をもって終わる。一九五五年はいうまでもなく保革二大政党による「五五年体制」が成立した年であり、日本共産党が「六全協」で武装路線を撤回して穏健路線に切り替えた年であった。また翌五六年の経済白書は「もはや『戦後』ではない」と高らかに宣言したことで知られている。この「第二の戦後」も高度経済成長とそれがもたらした大きな社会変動によって六〇年代半ばには幕を閉じて、新たな時代に入ったというのが最初に提示される時代区分である。

この時代区分自体は常識にほとんど合致するが、この「第一の戦後」と「第二の戦後」の時期とでは、字面は同じ言葉が言説体系のなかではことなった役割を果たしていたこと、その事情に無知なまま、ふたつの「戦後」を混同した戦後批判の言説がまかり通っていることに小熊は強く注意を促す。

敗戦から十年ほどのあいだは、現在の保守派の思い込みとはことなって、「民族」、「国民」、「国民主義」、「愛国」という一連の言葉が「民主」という言葉とお互いを支えあう関係を保っていたことがまず綿密に論証される。

一九三二年に世界共産主義運動の司令部であったコミンテルンが日本の革命についで指示をあたえた「三二年テーゼ」は、日本の歴史段階を絶対主義段階にあると規定した。したがって当面めざされる革命は、絶対王政としての天皇制を打倒する近代市民革命（ブルジョア民主主義革命）でなければならなかった。社会主義革命はその後すみやかに遂行されるべきつぎの段階というのが唯物史観のものさしに即した運動方針であった。いわゆる「二段階革命論」である。

この第一段階の革命においては、近代的な「国民」や「民族」は打倒対象である天皇制と対立する概念であるから肯定的に捉えられる。丸山眞男が天皇制を中心とする「超国家主義」に近代的な「国民主義」を対置したのも、この歴史観を下敷きにしていた、というのが小熊の見立てである。

すなわち戦後知識人が語っていたのは、「国家」概念からは切り離された、むしろそれに対立するナショナリズムの概念であったという観点である。

一般に戦後知識人は、権力機構としての国家は批判したが、ナショナリズムにはむしろ肯定的だった。別の言い方をすれば、彼らは国家という単位とは別個の「ナショナリズム」を語っていた。そうした意味では、「国家に抗する市民」という表現も、当初は一種の「ナショナリズム」として現われたものであり、「国家に抗するナショナリズム」であった。　『〈民主〉と〈愛国〉』

「第一の戦後」の時期に、戦中とは用法を変えて「民族」「国民」「愛国」という一連の言葉が戦後知識人によって語られていた事実を小熊の研究は実証的にあきらかにした。だが言説のレヴェルと民衆意識のレヴェルとはどこまで呼応していたのだろうか。天皇制軍国主義に対置して語られる「国民」や「民族」は一様に被害者として描かれていたから、抵抗のための連帯の概念としてそれらの言葉が流通する素地は十分にあった。そして「第一の戦後」の時期には、共産党の影響下にあった多くの戦後知識人にとって、ネイションを取りまとめるイデオロギー的な旗標は鮮明であった。だがそれだけでは民衆の心を捕らえることはできなかった。

にもかかわらず民衆に語りかけるべき新たな国家構想は、左からの革命構想以外にはとりたてて見るべきものがなかった。保守政治の世界では場当たり的な選択がなされるばかりで、革命理論に対抗する国家建設のプランは提出されなかった。左翼批判はおおむね「反共」というカウンターのレヴェルにとどまり、その反共論は多かれ少なかれ国体論を滲みださせていたから論理としては綻《ほころ》びだらけであった。社会主義国家に自由がないというのはそのとおりだが、根底に自由論など微塵もないところから語られても、俗情をくすぐるだけで論理にはほど遠かった。

「民主」と「愛国」はたしかに手を取り合っていた。しかしその「愛国」というピースはおおむね革命のジグソーパズルにはめ込まれなければならなかった。したがって民衆の生活意識のレヴェルでは公民意識に根ざしたナショナリズムが存在したとは言えないのである。六〇年になって坂本義和がナショナリズムの不在を指摘しなければならなかったのはそのためであった。念のために言えば、坂本は保守系知識人ではなく、戦後の「進歩的」な思想の流れを見続け、そして五〇年代からはその一角を担った論客であった。

†愛国心と「同胞愛」

小熊の言う「第一の戦後」の時期をとおして、保守主義者はもとより共産党の指導者までをも含みこんで、「愛国」という理念の奪いあいがつづいていた。戦前からジャーナリストとして活躍を開始していた清水幾太郎は、一九四九年の初夏に熱海にある岩波書店の別荘にこもって『愛国心』という新書の執筆に急きたてられていた。吉田茂首相も共産党の徳田球一も愛国心を国民に鼓吹しているのに、だれも愛国心の客観的な分析に手をつけていない、いまやらなければ「再び客観的な分析を許さない美しい盲目の力」になってしまうと考えた、と清水はのちに証言している(『わが人生の断片』)。国体論的な愛国から国民主義的な愛国に、愛国概念を読み換えることが戦後に要請された思想的な課題であった。

天皇制を擁護するリベラル保守派もほぼおなじ課題に取り組んだ。軍部や右翼たちによっていわば幽閉され、歪んだ架空の役割を演じさせられてきた天皇をいまいちど国民の天皇として、「われらの天皇」として奪還しなければならない、と訴えた日本史家・津田左右吉の思想表明はその代表的なものだ。

清水幾太郎は一九五〇年に刊行された『愛国心』のなかで、「民主主義によつて合理化される時、愛国心は真に近代人のものとして成立する」と、民主主義と愛国心との西欧近代的な関係をまず提示し、その視点から戦前の愛国心を振り返って、それは「天皇に対する絶対的な崇拝及び尊敬」にすぎず、「日本の国土に生を享け、共通の伝統と運命との下にある八千萬の仲間に対する愛情ではなかつた」、と述懐する。いま新たに愛国者であろうとすれば、その第一の条件は「同胞に対する素直な愛情」であった。忠君愛国だけを強要されていた戦時中の歴史に切断線を入れ、愛国心の再定義を試みるためには、同胞愛から再出発しなければならなかったのである。

近代化に遅れた日本は、近代化先進国である列強の圧迫のもと、軍備を調え産業を興し、国民意識を醸成する強迫的な必要に迫られた。敗戦後の占領下の日本では、一転して民主化政策が推進されただけでなく、ナショナルな意識は禁圧の対象となった。占領軍にとって、みずからを教師とする民主主義さえあれば、占領政策の邪魔になりかねないナショナリズムは不必要であった。

そんななかで、清水は同胞愛へと愛国心の根拠の置き換えを図った。成功すればはじめて民主的なナショナリズムが日本に定着するはずであった。

2　革新ナショナリズムの挫折

†「ナショナリズムの合理化」と「デモクラシーの非合理化」

国体論の中軸を失ったナショナリズムは、しかし清水の期待に反して、ばらばらな郷党意識にまで解体されていた。それをどうやっていまいちど同胞愛にまとめあげることができるのか。清水の著書の一年後に発表された論考で、丸山眞男は古いナショナリズムを民主的なナショナリズムに転換させる困難について語っている。

〔……〕あれほど世界に喧伝された日本人の愛国意識が戦後において急速に表面から消えうせ、近隣の東亜諸民族があふれるような民族的情熱を奔騰させつつあるとき日本国民は逆にその無気力なパンパン根性やむきだしのエゴイズムの追求によって急進陣営と道学的保守主義者の双方を落胆させた事態の秘密はすでに戦前のナショナリズムの構造のうちに根ざしていたのである。（「日本におけるナショナリズム」）

「戦前のナショナリズム」とはむろん民主主義との結合を放棄した偏頗《へんぱ》な国体意識を指している。伝統的社会意識を克服せず、むしろその組織的動員力に依存したナショナリズムは、「政治的責任の主体的な担い手としての近代的公民《シトワイヤン》」を育てず、お上には従順だが「家族＝郷党意識」に引きずられた縄張り根性に拘泥する国民しか生み出さなかった。それが外国から「日本国民の精神的団結」と見られたものの実態であった。

そういう過去のナショナリズムの精神構造は戦後になって消滅したのでも質的に変化したのでもなく、「量的に分子化《アトマイズ》され、底辺にちりばめられて政治的表面から姿を没した」のであった。だから精神構造をそのままにして新たな目的に付け替えるだけでは、民主的な国民意識は醸成されない。むしろその発酵地である社会構成とイデオロギーを破壊することをとおして、日本社会の民主化が達成される必要があった。「ナショナリズムの合理化」に比例して、「デモクラシーの非合理化」が推し進められなければならなかったのである。

清水の言う同胞愛は、丸山のプランによれば、イエ意識や郷党意識に支えられた縄張り根性やお上に卑屈な事大主義を内側から民主的に解体したのちにはじめて実現する国民主義の精神であった。

丸山が敬愛してやまない福沢諭吉がすでに明治初年代に、「一身独立して一国独立する」(『学問のすゝめ』第三編、明治六年十二月)と言い放ち、そのテーゼに照らして「日本には唯政府ありて未だ国民あらず」(同、第四編、明治七年一月)と言わざるを得なかったのも、まったくおなじ事情を語っていた。丸山はいうまでもなく、福沢のなかに日本における人民主権に裏打ちされたナショナリズムの原点を見つけだしていた。

†「平和」こそが第一の支柱

坂本義和の「革新ナショナリズム試論」は、ナショナリズム復権の提案であると同時に、その根拠について画期的な再定義を提唱していた。清水の『愛国心』から十年、「同胞愛」を基礎とする愛国心は育たなかった。もちろん「同胞愛」を戦前のイエ意識やムラ意識に還元したのでは、民主的な日本を公民として担う新たなナショナリズムを創造することはできない。その一方、革命イデオロギーは民衆の足元にまで届くことはなかった。

先の引用に見られるとおり、坂本のリアルな眼には知識人から大衆にいたる大多数の日本人は「無ナショナリスト」に映っていた。その思想的な効果について、坂本は一九六七年につぎのように分析している。

> 戦後日本におけるナショナリズムの崩壊は、国民の心理のかなりの深層にまでおよんだ。これほどまでナショナリズムの根柢がゆるがされたことは、歴史上の多くの敗戦国の間にも、ほとんど類例がない。〔……〕こうしたナショナリズムの崩壊の結果現れた第一の特異現象は、さまざまの普遍主義的なシンボルが、「民族」の観念を媒介とせずに、直接的に日本人の生活意識や政治意識を支配するようになったことである。
> （『核時代の国際政治』所収「追記」）

坂本は、「こうしたナショナリズムの欠如こそ戦後日本の即自的なナショナリズムであった」と言うが、この「即自的」とは「普遍的な原理の定着の様式・仕方におけるナショナルな特質」を意味していた。

この「即自的なナショナリズム」を新たなナショナリズムとして意識化することが、

六〇年の「革新ナショナリズム試論」と翌年の「イデオロギー対決とナショナリズム」という論文のひとつの目的であった。「もし戦後日本において、普遍主義的な原理が定着する仕方に内在する民族的な特質を自覚的に思想化しないでおくならば、伝統的なナショナリズムは、ただ一時棚上げされたに過ぎず、決して原理的に否定されたことにならない」からである（「追記」）。

「革新ナショナリズム試論」に示された洞察によれば、一九四五年という時点で「広島・長崎」を経験した日本国民は、「将来の核戦争、逆にいえば未来の平和の絶対条件をいち早く先取りした」のであった。それゆえ、「平和」こそが新たなナショナリズムの第一の支柱になるべき理念であった。坂本の目指すナショナリズムは、「民族」や「国家」や「独立」といったシンボルを中核とする従来の思想や行動と切り離されていた。

革新ナショナリズムの第二の支柱は「日本独自の民主主義体制の未来像」である。これはめざましい発展をとげつつある（と思われていた）中国とのあいだの激しい「体制の競争」によってもたらされるはずであった。こうしたふたつの支柱に支えられてはじめて、革新運動は「国民的運動」へと飛躍し、「国民的な体験の分有」が可能になると予測されたのである。

六一年に発表された「イデオロギー対決とナショナリズム」では、戦後十六年を経て、民主主義はようやく「抵抗の原理」としては根づきはじめたものの、「支配の原理」としては定着していない事実を指摘し、「支配層と被支配層とを一貫する一国の政治原理が定着しないままで、したがってまたその意味での国家理念を欠如したままでは、国家意識は成り立ちえない」と述べ、国家意識としてのナショナリズムの重要性を強調した。ここで言う国家意識が国家主義的な意識に拮抗する概念であることは指摘するまでもない。

この国家意識が欠如しているために、保守・革新の双方を通じて、「外来の普遍主義的イデオロギー」に依存し、「世界の中での自分の位置を自分自身のコトバで表わすこと」ができなかった。つまり、「日本国民が自主的な外交を展開しうるようになるために不可欠の基本条件」が欠落しているのであった。

坂本の提唱する「革新ナショナリズム」とは、前出「追記」のまとめに従えば、「平和」を中核とし、その平和を追求する究極的な根拠としての「人権」の原理を媒介とすることによってはじめて成り立つ思想であり運動であった。この「目標価値の序列」が明確にならないとき、情緒的なナショナリズムが喚起されて、国家主義的な古いナショナリズムに逆行する危険があった。

革新的なナショナリズムが伝統的なエートスに支えられる必要を坂本は認めなかった。むしろ危険であると考えた。伝統的なエートスに取って代わるものは、「平和」であり、その根拠としての「人権」であった。平和こそが「人間が人間的に生きるために不可欠の基本条件の一つ」であり、「戦争は人間を非人間へと退行させる」からであった。「平和」は、悲惨な総力戦を二度にわたって経験し、核の時代を生きる人類共通の普遍的な原理であった。むろん日本ローカルではない。にもかかわらず坂本が革新ナショナリズムの根幹に「平和」理念をすえたのは、普遍的価値はそれ自体では思想的な実質をもたないことを見すえ、その価値の担い方、担い手の主体的なありようのなかに、来るべきナショナリズムの本質を見出していたからだ。

つまり、ナショナリズムはローカルな価値に担われているかぎり、つねに排他的で抑圧的なナショナリズムに陥るおそれがある。しかし、ナショナリズムに媒介されない普遍的価値は、担い手不在の抽象的な観念に終始する。普遍的な価値は担い手の担い方のなかでしか、実現されることはない。

坂本のこの奇貨とすべき提案が「革新」陣営に受け容れられた形跡はない。清水幾太郎の「愛国心」も、丸山眞男の「国民主義」も、坂本の「革新ナショナリズム」も、すべて敗退した。清水自身は六〇年安保闘争で発作的に過激化したあと、みずからがかつては批判したウルトラ・ナショナリズムに駆けこんだ。あとに残されたのは、国体論の残影を引きずった民族主義ないしは国家主義であるか、徒党意識の曖昧な延長でしかない国益意識であるか、たんなる国家アレルギーであった。「デモクラシーの非合理化」はたしかに進行した。しかし「ナショナリズムの合理化」は挫折した。公民なき民主大国日本、これがわれわれの実態ではないだろうか。

「革新ナショナリズム」の問題は第四章以降であらためて、より原理的に検討することにしよう。

3　天皇制と民主主義は両立した

†民主主義のネガティヴな側面

天皇制批判はかならずと言っていいほど民主主義の視点から、すなわち国民主権の視点から論じられる。そのなかで天皇制批判をとおして戦後民主主義批判に至った稀有な例が、法哲学者の井上達夫の「天皇制を問う視角――民主主義の限界とリベラリズム」(初出、一九九二年)という論考である。『現代の貧困』(二〇〇一年)の一章をなすこの文章は、「天皇制・民主主義・リベラリズム」三者の関係を論じて間然するところがない。「戦後日本の民主主義は市民社会の理念の貫徹よりも、天皇の存続を選んだ」という事実を直視するところから議論は展開される。そして民族主義と民主主義との内在的関係を論じて、民主主義のポジティヴな面と同時にネガティヴな面をあきらかにする。

論理的にも、民族主義と民主主義とは、国民主権の概念によって統合されている。国民主権概念は、国民意志の対内的主権性（民主的統治）と対外的主権性（民族の自治と独立）を、同時に意味するからである。さらに、諸国民国家が対立する状況において、自国民ないし自民族の利害を最優先する選択を国民が行うことを、国民主権概念は排除しない。

民主主義＝普遍的人類愛（＝平和主義）という等式は、残念ながら恒真式ではない。民族主義と民主主義との結合は、民族主義が民主化の推進力になりうるという点で、民族主義のポジティヴな側面を示すと同時に、民主主義が偏狭な自民族中心主義に駆り立てられうるという点で、民主主義の危険な側面も示している。

井上が言うように、民主主義を立ち上がらせる場としての民族主義（民族主義としてのナショナリズム）の役割は正当に評価されなければならない。民主主義が成立するためには成立させる場としての「われわれ」が確定されている必要があるからだ。その確定する役割を近代国民国家においては「同胞愛」としてのナショナリズムが担った。

「自国民の利害」を最優先することと、国民の人権を保障し、民主主義のルールを稼動させることとは、国民国家にとってひとつの理念のふたつの側面であった。

「民主主義＝普遍的人類愛」が恒真式となるためには、さらに高次元の「同胞愛」が国境を越えて感得される必要があるが、そのためにはなんらかの第三項を排除して、「自国民」と「他国民」が手を携えた「われわれ人類」が表象されなければならない。手っ取り早い第三項はエイリアンである。事実、ＳＦの世界では手を替え品を替えてさまざまなエイリアンが登場し、「地球防衛軍」が迎え撃つ。現実世界ではどのような「エイリアン」を表象することによって、「人類」に到達することができるだろうか。

この「人類」の抽象的な表象は哲学や科学が担う一方、国際政治の世界では、戦争や紛争の具体的かつ倫理的なコストを徹底計量し、戦争や敵対行為を処理する、あるいは回避する合意に向けた交渉を積み重ね、そのなかから「人類」が立ち上がる方途をひとつひとつ探っていかなければならない。

この問題はあとでさらに考察するとして、井上の議論の先に進もう。

†象徴天皇制は民主的正統性をもつ

敗戦後いちはやく天皇制のあたらしい位置づけを提唱し、天皇への国民の主体的なかかわりを説いた津田左右吉の論文「建国の事情と万世一系の思想」に対する井上の評価も、独自な視点につらぬかれている。「天皇をみずからの懐に抱く主体性、みずから国家のすべてを主宰する主体性を、国民に期待する津田の強い民主性」をはっきりと認めたうえで、「天皇の存在を民主主義と、しかも国民を積極的な精神的・政治的主体とする能動的な参加民主主義と、原理的一貫性をもって結合させる思想的基盤が存在すること」の例証とする。民主主義と共存可能な、あるいは民主主義を保証する文化制度としての天皇制の必死の弁証を試みた津田左右吉や和辻哲郎の議論に対して、もっぱらイデオロギー批判がなされてきたが、井上は民主主義と天皇制とが両立し得るそのこと自体に民主主義の問題点を見つけているのである。

そして、戦後の天皇制は「民主化への適合性テストを、したたかにパスしている」ことを再確認して、つぎのように言い放つ。「日本社会の統合の焦点としての天皇の存在は、憲法に定められているという、実定的合法性だけではなく、現実の持続的な国民意志による支持という、民主的正統性をももつ。しかも、単に世論調査が示す民意だけではなく、参加民主主義の実践たる能動的・主体的な民意によっても、かかる天皇の存在が支持されうることを、地域自治、国政、そして思想、この三つの平面において見た〈下からの天皇制〉は示している」。

天皇制と民主主義との思想的両立可能性だけではなく、まさしく両立した事実がここに確認される。だから天皇制は反民主的ではないというのではなく、ここから井上は民主主義の問題点を剔抉するのである。

民主主義は治者と被治者の同一性の原理として語られるが、これは虚構であり、その実相は多数者による少数者支配である。この虚構と実相とのずれに、民主主義の根源的な苦悩がある。このずれを最小化あるいは隠蔽するためには、集団内部の同質性、あるいは同質性の擬制を強化することが必要になる。そのため、民主主義には対立を包容する傾向と同質化を強める傾向とが、共に内在している。

この観点に立てば、天皇制が民主主義と立派に共存できるところに、民主主義自体の問題が潜んでいたことになる。ここに井上が提起する「リベラル・オールタナティヴ」が要請される理由があった。民主主義は人民自身が統治することにその要諦があったが、リベラリズムは、「誰が統治するにせよ、統治権力は、そもそも何をなしうるのか」という問いに対して、「自律的人格としての諸個人の、自由対等な共生の条件の確保に必要なことを、そして、それだけを」と答えるのだ、と井上は論を進める。

ナショナリズムの観点から言えば、民主主義の「同質化を強める傾向」とナショナリズムの国民に均質性を強制する傾向とが歩調をあわせないように、また民主主義の「対立を包容する傾向」をナショナリズムがみずからの誇りとすることができるように、ナショナリティの審級のいっそうの自覚が望まれるのである。

象徴天皇制はたしかに皇室を「政治社外」（福沢諭吉）に置いた。にもかかわらず、その理念と現実の両面において国民の多様な価値観に抵触する可能性を残していた。日本一国の、それもその全体を覆うことのできないローカルな価値を近代市民国家の基本法である憲法に明文化したひずみの現われと言っていい（もちろん明治憲法からは大きな前進であったのだが）。

象徴天皇制は高度成長時代に「大衆天皇制」（松下圭一）へと変貌し、いまや国民の欲望が投影されたシナリオに従って、国民が望む理想型を皇室は演じさせられつづけている。国民の欲望の対象である天皇制は国民を「統合」するさまざまな物語を提供する役割を負わされるが、その中核にはむろんナショナリティの物語があった。国民のナショナリティをめぐる欲望が天皇（皇室）を要請していると言い換えてもいい。これらの欲望が天皇制を表象しつづけるかぎり、天皇制のタブーをも再生産する。天皇制に日本社会のあらゆる負の価値を投影し、その天皇像に抗うことが変革の戦いであると錯覚した左翼も、同様の罠《わな》にはまり込んでいたと言える。天皇（皇室）に欲望や幻想やルサンチマンを仮託してみずからの意思や責任を曖昧にする内なる天皇制からわれわれは「自立」しなければならない。概略こんなことを私は天皇制を主題的に論じた前著に書いた。

このとき遺憾ながら『現代の貧困』と題する書物に重要な天皇制論が収録されていることを知らなかった。私がくどくど書いたことを、鋭く端的に言明している箇所を引用して本章を終えたい。

〔……〕天皇制の主語は天皇ではない。「支配層」ですらない。「他者」を受容できない私たちの弱さ、あるいは同じことだが、「他者」を消去することによって自己を強化しようとする私たちの権力への意志こそが天皇制を再生産しているのである。

第三章

「侵略戦争」の語り方

1　さまよえる戦争体験

†分身たちの論争

日本が戦った戦争を敗戦後の日本国民はどう捉えているのか。これはわれわれのナショナリズムが問われる試金石である。しかしナショナリズムをめぐる議論同様、ほとんど定型化した対立諸派の相変わらずの応酬がつづいている。

たとえば、小林よしのりの『戦争論』シリーズが若い読者（戦争世代の孫の世代）を獲得したのは、自国の非を唱えるだけの自虐史観からいま漸《ようや》く国民が目覚めつつあるからだ、と右派は主張するだろう。一方、アジア各地で日本軍が犯した残虐行為に対して、日本政府はいまだに誠実な対応を拒んでいるだけでなく、侵略を否定する歴史教科書や首相の靖国参拝というかたちでかえってアジア諸国との溝を深めているではないか、と左派は批判するにちがいない。

この構図はいまにはじまったことではなく、戦後ほぼ一貫して続く対立の変奏であって、両者の言い分の核にさほどの変化はない。政治家の発言や歴史家の論調にとどまらず、新聞の投書欄にいたるまで、まったく同じ平行線の議論がじつに半世紀を越えて続いているのだ。満州事変から起算する「十五年戦争」の期間に較べてもほぼ四倍の時間である。それも、原理的に難問であるがゆえの対立ではなく、対立の理由を問う動機に欠けているがゆえの平行線なのである。

一方は、敗戦国民の抑圧された記憶と心情を拠りどころにした屈折したナショナリズムに立てこもる。そのため戦後の歴史観の欠落部分を補償することはできても、そこから他国民をも納得させる歴史観に鍛え上げる筋道を見出し得ていない。カウンターパートであるはずのアジア民衆の屈折のないナショナリズムやそれを誘導して外交カードにする指導層の国益意識に対抗するばかりで、かれらを対話の土俵に呼び込むすべを心得ていないのである。

他方は、「もう戦争はごめんだ」という国民の厭戦感情に依拠しつつ、近代主義やマルクス主義の進歩的で「普遍」的な歴史観を接ぎ木して、国民の表向きの歴史意識を形成してきた。だが自国の戦争犯罪を糾弾し戦後責任を追及するとき、アジアの現在のナショナリズムにはつねに顧慮しながら、自国民の当時のナショナリズムに関しては、たんに過誤であったとする不思議な態度を取りつづけた。「いい」ナショナリズムと「わるい」ナショナリズムの区別を加害と被害という機能だけでとらえて、その根拠を問う姿勢に欠けているのである。

しかし一見背反する両者の運動が担っているのは、じつは一般国民の裏腹な歴史意識をあえて分解し増幅した、その片方にほかならない。お互いの論理の出自を見ないまま役割分担した対立が続行しているのである。自説を主張してやまない両者が歩み寄る可能性はあり得ないし、その意味もない。真理は中間にはなく、問題はその足許にあるからだ。

その足許を見るために、われわれ国民の錯雑する想いの起源にさかのぼってみたい。むろん起源は起源でしかない、しかしそこには忘却された記憶と始発の虚構が隠されているはずである。

†はじめに敗戦責任があった

昭和二十（一九四五）年八月十五日の敗戦を日本国民はどのような想いで受け止めた

のだろうか。総力戦を戦いきって国民は疲労困憊の極にあった。放心した敗戦国民は虚脱感に包まれ、安堵の胸をなでおろした。

しかし多くの人が同時に屈辱感を嚙みしめていた。のちに『原爆詩集』で知られる峠三吉は、「ただ情けなく口惜しき思いに堪えず」と日記に記した。「この戦争が無謀な、無意味の戦争であり、必ず新しい世の中が出現することを確信し、反戦の立場を貫いた私たち夫婦といえども無念の涙を避けることはできなかった」と書きつけたのは、戦後初の婦人代議士となる加藤シヅエである。

翌日の朝日新聞は、二重橋前に集い土下座した民衆が、慟哭しては「海ゆかば」「君が代」を唱和する姿を共感を籠めて描き出し、「大御心を奉戴し、苦難の生活に突進せんとする民草の声である、日本民族は敗れはしなかつた」と結んでいる。同じ日の一面冒頭は、「玉音を拝して感泣嗚咽」、「蒼生一億は〔……〕大御心を拝察して悲憤の熱涙拭ひもあへず、聖慮のまにまに粉骨砕身、もつて宸襟を安んじ奉らむ誓ひを固くしたのであつた」と未曾有の事態を旧来の定型に嵌め込んで報道した。

もちろん国民総体にとって戦争体験とは、疲労と飢えに苛まれつつ闘いつづけた地獄の戦場体験であり、銃後の国民に対する仮借ない空襲、沖縄上陸戦の惨劇、そして原爆投下であり、その結果としての三百万人の戦死者であった。この悲惨な体験を強いられたことに対する戦争指導者への鬱勃《うつぼつ》とした怒りは、敗戦の悔しさや無念さの気持ちに重層していく。

この怒りは、やがて無謀な対米英蘭戦を引き起こし敗戦に至らしめた戦争指導者の責任追及に帰着する。自分たちは国策に従って必死で戦った、だが悲惨な終末を迎えたのは指導者に問題があった、すなわち、国民に多大なコストを掛けさせておきながら負けたという結果に対する責任追及である。最初の責任問題は、軍国主義国家が他国を侵略したからでも自国民を抑圧し戦場に送り込んだからでもなく、戦争に敗れたこと、敗れた戦争に国民を追い込んだことに発していた。

東久邇宮首相は八月二十八日に就任初の記者会見を行ない、「全国民総懺悔」を強調した。敗戦の「原因」を一億国民に等しく負荷しようとする、いわば一君万民思想の裏返しであり、指導者の敗戦責任の所在を曖昧にする効果を狙ったとしか受け取れない発言であった。

しかし二週間後の九月十一日には、占領軍によって「戦争犯罪人」三十九名の逮捕命令が出される。国民による敗戦責任追及は具体化されぬまま、占領軍の「(侵略)戦争責任」追及に切り替えられたのである。

東条英機は逮捕直前に自殺をはかって失敗し、この失態が国民の東条非難の気持ちに拍車をかけた。

「日本国民の東条首相への憤激は、イタリー国民のムッソリーニへのそれに決して劣るものではないと思われる。しかし日本国民は東条首相を私邸から曳摺り出してこうした私刑を加えようとはしない。〔……〕東条首相を逆さにつるさないからといって、日本人はイタリー人のような残虐を好まない穏和な民とすることはできない。〔……〕支那の戦線で日本の兵隊は残虐行為をほしいままにした」と高見順は十月五日の日記に記した。

日本国民自身による戦争指導者・推進者追及の試みがなされなかったわけではない。十二月八日に日本共産党など諸団体が開催した「戦争犯罪人追及人民大会」や新日本文学会が作成した「戦犯文学者リスト」などがその代表例であるが、いずれも戦争に「手の汚れていない」共産党や戦時中に特高による弾圧を受けた団体や人々が主催したものであった。日本の戦争をはじめから侵略戦争と規定し（階級史観による戦前からの規定であった）、その指導者や積極的加担者を糾弾する「前衛」的な運動であり、一般国民の戦争体験を内側に取り込む姿勢を当初から欠落させていた。

国民固有の文脈から、たとえ敗戦責任が出発点であったとしても、国民と戦争指導者とのあいだに責任のありかと重さをめぐる応酬が実現していれば、その後の戦争責任論議は国民自身にずっと引き寄せられたものになっていたにちがいない。敗戦の責任を追及する権限を担保するためには、自分たちも総力戦を担った一員であるという自覚が前提になる。「南京陥落」を旗行列や提灯行列で祝い、真珠湾奇襲の報を歓呼の声で迎えたのは、ほかならぬ国民自身であったからだ。国民はたしかに騙されていた。しかし、「だますものとだまされるものとがそろわなければ戦争は起らない」（伊丹万作「戦争責任者の問題」一九四六年）のである。

道は東京裁判へと踏み固められていく。東京裁判をクライマックスとする占領軍の「歴史教育」は、国民の戦争加担の記憶を隠蔽し忘却させる方向に向かっていった。

†分断された戦争指導者と一般国民

九月十六日の各新聞は、太平洋米軍総司令部が発表したフィリピンにおける日本軍の残虐行為についての記事を掲載した。これが日本軍の組織的な戦争犯罪に関する最初の報道であった。以後、断片的に戦争の「真相」が報じられていくが、占領軍による体系的な「歴史教科書」が、一九四五年十二月八日、日米開戦四周年を期して全国紙に一斉に掲載を開始された「太平洋戦争史」である。これは連合国軍総司令部が直接提供したもので、十七日まで十日間にわたって連載された。満州事変に起筆し、最終回は「原子爆弾、脅威の威力」、そして「絶対的な無条件降伏」で筆を閉じる。むろん徹底的にアメリカサイドからの歴史叙述であり、戦時中の国内報道が国民に植えつけた戦争の物語を根底から覆す意図に導かれていた。

国民が共有していた「大東亜戦争」という呼称は、「太平洋戦争史」連載中の十二月十五日に占領軍の指令によって公文書での使用を禁止された。軍国主義的偏向を正すという政策の一環であったが、同時にそれは日本人に大切な事実を忘れさせた。

第一に、「太平洋」と地域を指定することによってアメリカと日本との闘いがクローズアップされ、その前史でありかつ同時進行していた日中戦争や東南アジアでの戦闘が後景に退く。すなわち中国をはじめとするアジアへの視線の欠落である。これまでしばしば指摘されてきた点である。

第二に、「大東亜戦争」という呼称は「大東亜共栄圏」というイデオロギーに裏打ちされていたが、しかしその呼称を国民が同時代に共有することにより、国民がともに戦っている総力戦という意味合いをもたらしていた。それも忘れられたのである。

ここで提出された「太平洋戦争史観」は、翌一九四六年五月から二年半にわたって開廷された極東国際軍事裁判（東京裁判）の弁論構成と審理のための諸資料に肉付けされながら、以後の日本人の歴史観の基盤を形成した。

ニュルンベルク裁判、東京裁判ではじめて提起された「平和に対する罪」は、「戦争違法観」と「指導者責任観」というふたつの観念によって構成されているが、後者は「否定的評価を受くべき国家行為の総体に関する責任を、国民全体に対してではなく、一般国民から切り離された一部の指導者に求める」という観念であった（大沼保昭『戦争責任論序説』）。

それまでの敗戦の決着は、領土の分割や賠償の支払いというかたちで国を単位として処理されてきたのだが、ここではじめて侵略の法的な個人責任が問われることになった。そのことによって、自国民をも犠牲にしながら侵略戦争を推し進めたとされる戦争犯罪人と、戦争に加担させられたとはいえ本質的には被害者であったとされる国民とのあいだにはっきりとした分割線が引かれる。その結果、戦争に責任があるのは戦犯たち、すなわち「かれら」であって、自分たちは被害者にすぎないという認識が、法的な意味あいを越えて一般国民のあいだに定着した。

当然これは「初期対日方針」などに示されたアメリカの占領政策に符合していた。すなわち、戦争指導者・推進者と一般国民とのあいだに明瞭な線を引き、前者にあらゆる責任を負わせ（戦犯指定・公職追放）、後者はその犠牲者として救抜し手なずけるという分断作戦であった。

もちろん、最大の楔《くさび》は、戦争指導者と天皇のあいだに打ち込まれた。天皇は戦争指導者から除外されたのである。以来、「天皇の戦争責任」というテーマは事あるごとに蒸し返される一大議論となった。諸々の困難な事情があったのは事実であるが、天皇はまず退位によって責任を全うすべきであった、と私も考える。しかし天皇の免責は、たんに天皇個人や天皇制それ自体を守ろうとする意図に発していたわけではなく、占領を円滑に行なうための戦略の骨子であった。すなわち国民対策であった。それゆえ、当時の国民の無言の意志が天皇制を存続させたという認識を前提にしない議論は、フェアでないばかりか無効である、とだけここでは言っておく（詳しくは拙著『天皇と日本人の課題』参照）。

このようにして選別され、戦争責任を全面的に負わされた東京裁判の二十五人の被告人は、最後まで無罪を主張して憚らなかった。東条英機はその口供書のなかでつぎのように述べる。「私は最後までこの戦争は自衛戦であり、現時承認された国際法には違反せぬ戦争なりと主張する」。「大東亜戦争」は侵略戦争ではなく、近代世界に遅れて参入した国民国家である日本の存亡を賭けた「自存自衛」の戦いであった、というのがかれらの主張だった。

ついこのあいだまで疑うことのなかった確信をかれらがそう易々と取り下げるはずもなかろう。いち早く謝罪する姿勢が良心的ともかぎらない。戦争に敗れたという決定的な事実に対してかれらにまず課されるのは、城下の盟《ちかい》と国民に対する敗戦責任でしかない（かれらの主観のなかでは天皇に対する臣下としての責任が大きな位置を占めていたが）。東条自身おなじ口供書で、敗戦責任については、「衷心より進んでこれを負荷せんことを希望する」と述べている。

自分たちの遂行した戦争が侵略であったことを自覚するには、新たな歴史認識と深く沈潜した改心を待たなければならない。東京裁判という場ではその機会は訪れなかった。以後、国民がまず歴史認識として、そして道義的に、政治的に（国民が信託した政府をとおして）、その決着を引き受けなければならなかったのである。

2 「戦後」を終わらせるために

†責任の行方

東京裁判の被告人が主張した「自存自衛」という論理は、戦時中には国民のあいだでも多かれ少なかれ共有されていた。そうであれば、この論理は戦後に国民の内側からあらためて検証される必要があった。しかし太平洋戦争史観や東京裁判や唯物史観という外側から消去され、消え残りはそのまま右派に引き継がれた。

東京裁判や戦後左翼の戦争責任追及とは別に、「自存自衛」の論理が「負」の思想遺産であることを国民自身が確認し、それが果たした役割についての責任を引き受けていれば、その論理は内側から解体されたのである。しかし国民はそれを試みることなく、ただその論理を支えた心情だけがあてどなく燻りつづけた。

被害者意識を起点とし、戦禍に曝されたアジア諸国と民衆を捨象した敗戦責任という戦後の問いについても、おなじことが言える。もし国民がこの責任追及を持続していたならば、論理的にも倫理的にも、そして政治的にも躓《つまず》かざるを得なかった。

日中戦争や「大東亜戦争」が、他国の主権を侵害し国土を蹂躙し民衆を多数殺傷した侵略戦争であったという事実をやがて浮かび上がらせずにはおかないからである。兵士として戦場に赴き、あるいは銃後でそれを支えた一般国民の「加害責任」というテーマも同時に炙《あぶ》り出される。そうなれば、指導者に対する事後的な糾弾だけでは済まされず、戦中の自らの動機と行動の選択肢があらためて問われなければならなかっただろう。一般国民はこの敗戦責任追及による躓きを免れたが、同時に自らの戦争責任からも回避した。

問われるべき責任はむろん一様ではない。それゆえ、国民は重い責任を戦争指導者に突きつけつつ、自らの責任をも引き受けるという、責任を配分する「正義」が確立されなければならなかったのである。

戦後思想をリードした知識人たちの多くもこの国民の欺瞞に眼を瞑るしかなかった。かれら自身が後ろめたさを薄々感じていたからである。獄中十数年の共産党員や完全サボタージュの永井荷風などを除いて、知識人たちも程度の差はあれ戦争協力にいそしんでいたのは動かしがたい事実である。

生身の存在が敗戦という断層を生き延びるかぎり、必然的にことなる文脈に置かれざるを得ない。みずからが置かれた状況が変われば、当然アイデンティティの説明方式は変更される。そうでなければ、一身にして二世を経ることはできない。しかし、戦後になって何を抑圧し無意識に押し込めようとしたのかを見つめ直すこと、そのためにまず戦中の体験や意識にこだわり、こだわりきること、ほんらいここにしか戦後の思想の誕生の条件はなかったはずだ。間違っていた、さらには騙されていたのだとしても、なぜ間違ったのか、そもそもいまなぜ間違ったと発問しているのか、その発問の動機と根拠は何であるのかが、まず問い返されるべきだったのである。

丸山眞男は敗戦半年後に早くも「超国家主義の論理と心理」を執筆（発表は「世界」一九四六年五月号）、一躍戦後民主主義のパイオニアと目される。しかし、戦争を推進した天皇制国家の精神構造を精緻に分析した論文の一行一行が、じつは「つい昨日までの自分にたいする必死の説得」であった、と昭和天皇逝去に際して回想している（「昭和天皇をめぐるきれぎれの回想」）。であれば、天皇制と訣別するみずからの「論理と心理」をなぜその時点で語らなかったのか。語ることで、より深く戦争にコミットしていた国民と思想の動機を共有できたはずであったのである（『天皇と日本人の課題』でもうすこし詳しく展開した）。

また、知識人が戦争に抵抗し阻止できなかった無力あるいは不作為の責任を語ることはたしかに良心的な営為である。だがそれも、多くの国民が加担した事実につなげて考えないかぎり、やはり少数インテリの良心の問題に留まるしかないだろう。

つまるところ、処刑されたＡ級、ＢＣ級の戦争犯罪人を除いて、保釈された戦争指導者も一般国民も知識人たちも、苦い解放感を味わったのである。こうしてアメリカに戦争では叩きのめされ、戦後は占領者として手を差し伸べられたことに対する屈辱感と卑屈さが、政治から文化に至るあらゆる領域に残留した。

戦後知識人の変わり身の早さに違和感を覚えていた吉本隆明は、戦後十年の時点で、かれらが戦争協力あるいは迎合の履歴を頰かむりしたまま戦後の言説を展開する欺瞞を暴きだしその姿勢を糾弾した。これは保守系の人々の実感に大いに呼応する思想でもあった。しかし、かれらは溜飲を下げ自らを免罪する理由にしただけに終わった。

†謝罪の作法

こうして、戦争について内側から検証する機会を失ったまま戦後という時代は推移した。近代主義ないしはマルクス主義を世界観とする「科学的」で「進歩的」な戦後歴史学は、国民の戦争による被害体験と太平洋戦争史観の「学習」を基盤にして、歴史認識のスタンダードになり得たかに見えた。

だがこれらの歴史観は、「遅れた」日本社会に民主主義革命あるいは社会主義革命をもたらすことを目標にしたため、「遅れた」国民の固有の戦争体験から確証を得られず、またその体験を納得いくかたちで説明することもできなかった。もし「侵略戦争」の理論が、これらの体験を自己に内在化することに成功していれば、戦争体験者の想いや戦死者への追悼と罪責の気持ちは、理論にリアリティを備給する水路を形成することこそあれ、侵略戦争でないと強弁する心情の蛇口は閉ざされていたのである。

アジアへの視線についてはどうだろうか。大沼保昭は一九四五―四七年の第一期、五六年を中心とする第二期の戦争責任論議を検証し、そこに一貫して認められる対アジア責任意識の欠如を指摘する。その要因として国民の「被害者意識」、戦犯裁判で責任者の処罰は済んだとする「一般国民免罪観」などを挙げたうえで、もっとも根底にあるものとして、「日本社会を支配する『脱亜入欧』的発想に起因する、被害者たるアジア諸民族への根底的無関心」を強調する(『東京裁判から戦後責任の思想へ』)。

たしかに私が一九六六年に大学の必修第二外国語として中国語を履修した際、履修者は入学者のわずか二、三パーセントにすぎなかった。朝鮮語などのアジア諸語は選択肢にすらなかったのである。

だが、アジア諸国に対する戦争責任の意識を忘れさせたもうひとつの要因として、戦後における「国民」意識の欠如を挙げることができるのではないだろうか。日本国憲法が大日本帝国憲法の改訂手続きを経て成立したように、わが日本国は、侵略戦争を行なった国家の正統な嫡子である。その国家の一員であることの認識のないところに、責任の自覚も生まれない。戦後の国家をいかなる国家として構想するのかという国民意識を欠落させたまま、戦中への反動として、ただ国家一般を敵視したり、あるいはかかわろうとしないことによって、国家の加害責任からも回避してしまったのではなかっただろうか。

戦後の革新政党とその関連運動体は、たとえば中国人民と階級意識によって連帯していると幻想し、戦争指導者とその継承者からなる「反動政府」を糾弾することで戦争責任の問題は解消できると思い込んでいなかったか。近代国民国家を乗り越える確かな展望もないままに国民意識をただ喪失していたとしか思えない。抑圧されたナショナリズムの傍流が無意識に人民的アジア主義に流れこんでいたのも、じつに逆説的な光景であった。

六〇年代後半になって、「国民は被害者でもあったが、同時に加害者でもあった」という指摘が表面化する。だが大半の謝罪の姿勢は依然、「反動内閣」や「保守反動分子」を指さしながら、アジア民衆に頭を下げるか、告発・糾弾行動に熱中するというかたちであった。すなわち他人事あるいは良心の切り売りでしかなかったのである。

†「戦後」思想に終止符を打つ

いま小林よしのりを愛読するのも、ピースボートに乗ってアジアの戦跡を訪ねるのも、戦争体験者の「孫の世代」である。「戦争を知らない子供たち」などと唄われた私をふくむ「子の世代」には、戦争の記憶や痕跡は日常生活のなかにまだ見え隠れしていた。いまや戦争体験者の多くは鬼籍に入った。戦争責任が決済されきらぬまま、私たち後続世代はアジアの諸国に向き合わなければならない。その意識下の罪責強迫が、時に戦争とは無縁の事柄にまで弱腰の外交姿勢として現われるのである。

戦後生まれの人間にも、一国民として戦後責任（政治的責任）が分有されなければならないのはいうまでもないし、またメリットであれデメリットであれ、そのような歴史の文脈のなかに生まれ育ってきたことに対する自覚を個々人が受け持っていなければならない。

まったくの戦後世代である哲学者の高橋哲哉は、戦後生まれの日本人にも日本国の主権者の一人としての法的政治的な戦後責任があることを前提にしたうえで、さらに、この世代の戦後責任は「応答可能性（レスポンシビリティ）」としての責任に見出されるのではないか、と提起する（『戦後責任論』）。

ここでは、たとえば元従軍慰安婦の韓国女性からの呼びかけに応答することによって、レスポンシビリティとしての責任が生まれる。かつて戦争責任論の致命的な欠陥であったアジアへの視線の欠落は、逆にアジアからの呼びかけによって露わになり、それに応答することが欠落を埋める倫理的な行為として成立するのである。従来の左派とはちがい、自らに責任を引きつける姿勢だ。しかし加害者性を引き受けるに急なあまり、アジアの戦争被害者の声に無限に応答する倫理「主義」に陥る惧れを孕んでいる。

平均的な生活者の地点から一歩も動きたくないとする評論家の小浜逸郎は、高橋の

「日本人として」応答しつづける姿勢を「反転したナショナリズム」であると批判する。そして、もし若い世代が中国人から「親兄弟を日本の兵隊に殺された」と言われたら、日本人であるという共同性を過剰に背負ってすくみ上がることなく、「具体的な生活行動を通してあなたがたと仲良くしたい」といういまの思いを率直に伝えるべきだ、と主張する（『なぜ人を殺してはいけないのか』）。

きわめて有益なアドヴァイスである。しかし若い世代が堂々とそう答えられる背後には、まず祖父母や父母の世代の側に、なぜあのような侵略戦争をしてしまったのか、その錯誤に満ちた体験を戦後になってどう捉え返してきたのかについて、内側から（たんに事後的にではなく）説明することのできる語り方が獲得されていなければならない。「説明責任（アカウンタビリティ）」である。

国民は苦い経験の末に「（侵略）戦争違法観」という法理を学んだ。一次大戦後に学んだ先進帝国主義国からは一世代遅れたかもしれない。しかし骨身に沁みて学び、国民の論理と心理の少なくとも半身を形成したのである。だが、体験者の戦争に加担した動機とそれを否定しきれない心情を問い返すことなく、もう半身に置き去りにした。分裂する両者をおなじ身体として同時に捉え直し、歴史に対処する人格を回復しなければならない。

いま中国や韓国・北朝鮮などの国益意識や民衆のナショナリズムと渉りあうなかで、戦争世代の苦い体験を追体験しつつ、「自存自衛」という主観の真実（妄想）と「東亜解放」という自己正当化あるいは結果論から根底的に訣別し、より普遍的なインター「ナショナル」な意識を鍛え上げること、いわば、「海ゆかば」に始まり、「義勇軍行進曲」（日中戦争時の抗日歌、現在の中国国歌）が重なる不協和音の地平から、「侵略戦争」を語り切ること、この努力なくして、思想の戦後に終止符は打てないのである。

第四章

国民とはだれか

1　ナショナリズムが生まれる

†臣民から国民へ

第一章ではナショナリズムの少年期を振り返り、そこにどのような意味を見出すことができるのかについて考えた。第二章、第三章では侵略の前歴があり、かつ深傷を負った敗戦後の日本のナショナリズムのかかえる課題に、いかに向きあうかについて考察した。

この章ではあらためて、国民（ネイション）とはどのような存在であるのかを原理的に考えてみたい。そもそも国民という歴史的存在はいつ現われたのだろうか。

西欧近代の国民国家は市民革命によって一瞬のうちに生まれたのではなかった。国民をはらみ胎内で育てる長い期間を必要とした。ヨーロッパの絶対王政は、封建領主、教区、ギルドなどの封建的な束縛から領民を引き剝がし、みずからの主権のもとに民衆を一元的に支配した。その支配の下から市民階級が育ち、新たな知識人は領域全体に視界を拡げた。民衆はあくまで支配される客体ではあったが、おなじ領域内でおなじ生活文化を享受している者同士としての一体感を次第に抱くようになった。

封建的な束縛から民衆を解放し、国民という共同体をつくりだす準備段階として絶対王政が果たした役割について、十九世紀イギリスの功利主義哲学者、J・S・ミルはつぎのように語っている。

国王の利益は、主人から自己を解放して、国王とのあいだの直接的な服従の関係にはいろうとする農奴たちの部分的な試みを、ことごとく激励することにあった。国王の保護のもとに、国王以外に上位の人を知らない、多くの社会が形成された。遠くにいる国王に対する服従は、近くの城の領主の支配に比べれば、それ自体として自由であった。そして、国王はその立場による必然性のために、自分が解放を援助した諸階級の主人としてよりも、同盟者として権威を行使せざるをえなかった。このように、原理上は専制的であるが、実際上は大きな制約を受けていることがふつうであるような中央権力は、国民を進歩に必要な一段階に導くのに、主要な役割を果たした。代議政治は、たとえ本物であっても、国民がそのような進歩の一段階にはいることを、おそらく妨げたことであろう。専制的な支配や大量の虐殺以外の手段によっては、ロシア帝国における農奴解放を遂行することはできなかったにちがいない。

(『代議政治論』山下重一訳)

評論家の柄谷行人は、「ネーション(国民)は、それまで封建的な身分制の下にあった人々が、すべて一人の絶対的な王に従うことによって平等となったときに形成される」とその間の事情を要約し、さらに「ネーション」成立の秘密をつぎのように説明している。「部族や共同体や言語の差異を超えた、こうした均質性は、絶対主義的な国家の下で成立する。だが、人々が臣下あるいは『国家の民』である間は、ネーションは成立しない。ネーション=ステートが確立するのは、こうした絶対的王権が廃止され、それまで王の臣下 subject であった人々が主体 subject となるときである。つまり、その起源が忘れられあたかも国民がそれ以前から存在したかのように表象されるときに、ネーションは確立するのである」(「序説——ネーションと美学」)。

これも鮮やかに対照を強調した説明であるが、市民革命の政治過程のなかに誕生した政治主体としてのネイションは、どこにみずからの共同性の成立の契機を見出していたのだろうか。

柄谷によれば、ネイションとは商品経済の進行によって解体された共同体の「想像的な」回復にほかならない。マルクスは宗教を幻想であるとしながらも、この幻想が民衆の現実の不幸の表現であり、この幻想のなかに民衆の不幸に対する抗議の意志がはらまれていることを見抜き、宗教を廃棄することは同時に民衆の現実的幸福を要求することでなければならない、と考えた（『ヘーゲル法哲学批判序説』）。普遍宗教が最初の「想像の共同体」であり、ネイションは「普遍宗教の代補」であると考える柄谷は、「この観点から見るとき、ネーションや宗教は、たんなる啓蒙主義的批判によって廃棄できるものでないことが明らかとなる。マルクスがいったように、それはその要求を実現しないかぎり、廃棄しえないのである」と述べ、さらに資本主義と国家を越える原理としての「アソシエーション」へと議論を進めていく。

†土台が発見される

イギリスにおけるナショナリズム研究の中心的存在であるアントニー・D・スミスは、

「ある人間集団のために、自治、統一、アイデンティティを獲得し維持しようとして、現に『ネイション』を構成しているか、将来構成する可能性のある集団の成員の一部によるイデオロギー運動」とナショナリズムを定義した（『ナショナリズムの生命力』高柳先男訳）。

ナショナリズムの運動がネイションという共同体を育てた場合もあれば、国民国家がかろうじて成立したあとに国民文化を形成する教育や運動を通じてネイションが育成された場合もあるが、いずれにせよ、ナショナリズムにはネイションという自己同一性を保証する要因、あるいはナショナリティという主体的なアイデンティティが不可欠である。

近代の市民革命を経て形成されたヨーロッパの国民国家にあっては、絶対君主や貴族や上層聖職者という支配階級から市民が政治権力を奪い取ったことで、市民から下層民衆にいたる政治的な共同性が強く自覚されていた。フランス革命で言えば、「自由・平等・友愛」という理念がその政治的な共同性を表象していた。

かれらは権力を戦い取る過程で、革命の連帯感にとどまらず、民族や地域や言語や宗教などを指標とする共通の土台を強く自覚し、それがナショナリズムへと結晶した。ヨーロッパの国民国家では少数民族や少数言語やマイナーな教派を内側に抱えていても、地域共同体の意識と革命に結集した歴史の記憶とがあいまって国民を統合する土台となった。

ナショナリズムは、民族や言語や歴史の記憶という土台の自覚の上に、人々の意識や運動を統括する理念が聳《そび》えるかたちで成立する。系統としてはいくらも違わない言語同士が、それぞれことなる国民国家の公用語になったためにことなる言語と認められたり、ひとつの国民国家のなかに混在しているためにひとつの公用語以外はその方言とされたり、といったように諸言語を区別する指標はかならずしも学問的に厳密なものではない。しかしその言語を話す国民にとっては、それが「国語」として意識され、ナショナリズムの大きな要因になる（ドイツロマン派は言語を最大の指標にした）。

土台がたんに土台としてあるだけではナショナリズムは発動されない。正確に言えば、その時には土台はまだ見えていない。土台は幻想ではないが、それが発見されないかぎり存在しないのである。新たに発見されるというかたちで土台は積極的な意味づけを施される。対外的な緊張感のなかで、土台は「輝かしき民族」として、「父祖」の国として、「母国」として、「愛する家族」の国として、あるいは「美しいくに」として強く意識されることだろう。このとき、「民族」や「父祖」や「母国」や「愛する家族」や「美しいくに」という表象は、すでにくっきりとした輪郭をあたえられ、立派なナショナリズムの理念にまで成長している。

土台はナショナリズムの実質的な基盤である。A・D・スミスは、ネイション成立以前の(土台として発見される以前の)このエスニック共同体を「エスニー」(フランス語のエトニから転用)と命名した。エスニーもネイションもともに「共通の神話と記憶をもった共同体」ではあるが、エスニーは領域との結びつきが「歴史的、象徴的」にすぎない場合があるのに対し、ネイションは「領域をもつ共同体」であるとし、両者を区別する。だからネイションには、「歴史上の領域、共通の神話と歴史的記憶、大衆的・公的な文化、全構成員に共通の経済、共通の法的権利・義務を共有する、特定の名前のある人間集団」という定義があたえられた(同上)。

エスニーの諸要素は歴史の変転のなかでさまざまに入れ替わっているから、近代ギリシア人は民族的には古代ギリシア人とはかなり異質であるといった例に事欠かない。しかし、「なんらかの共通する神話や記憶をもたないネイションなど考えられない」のであった(同上)。

アメリカの政治学者、ベネディクト・アンダーソンが言うように、「国民」とは個々人が所属する血縁関係や領邦や教区などを越えて成立した「想像の共同体」ではあるが、しかしこの「想像」は、「想像」を成立させ持続させる身体性を保持している。「想像」の産物だとして簡単に相対化はできない。

†ナショナリズムはいつ生まれたのか

ナショナリズムの成立をめぐって、「国民」は近代になってはじめて誕生したという説と、近代以前から存在したという説とが論争を繰り広げてきた（A・D・スミスは両者を統合しようとする立場だが、「エスニー」の存在を強調する点では後者に近いと言っていいかもしれない）。ただし前者の近代説も土台の存在を認めないわけではない。近代のナショナリズムとパトリオティズム（愛郷主義）一般とを截然と区別するだけである。

たとえばその代表格の一人であるイギリスの社会人類学者、アーネスト・ゲルナーは、ナショナリズムを、「政治的な単位と民族的な単位とが一致しなければならないと主張する一つの政治的原理」（『民族とナショナリズム』加藤節監訳）と規定したことで知られているが、そのナショナリズム成立の原因を「産業化」に見出した。個々別々の農耕共同体の上にひとにぎりの支配層による帝国の秩序が覆いかぶさっていた前産業社会から新たな産業社会に移行すると、社会流動性が高まり、また産業化それ自体の要請によって、文化的に同質で、読み書き能力を基礎に置く「高文化」が地域共同体を越えて普及する。ゲルナーはそこにナショナリズム成立の契機を発見した。ゲルナーはこの代表作の末尾にその趣旨を要約している。

本書で主張されていることは、ナショナリズムがきわめて特殊な種類の愛国主義であり、実際のところ近代世界でしか優勢とならない特定の社会条件の下でのみ普及し支配的となる愛国主義だということである。ナショナリズムは、いくつかの非常に重要な特徴によって識別される種類の愛国主義である。その特徴とは、この種の愛国主義、すなわちナショナリズムが忠誠心を捧げる単位は、文化的に同質的で、(読み書き能力を基礎とする) 高文化であろうと努力する文化に基礎づけられていること、この単位は読み書き能力に基礎を置く文化を存続可能にする教育システムを維持しようとする希望に耐えるに十分なほど大きな単位であること、この単位はその中に強固な

> 下位集団をほとんど持たないこと、この単位の住民は匿名的、流動的、動態的であり、直接的に結びつけられていること、すなわち、各人は、入れ子式に重ねられた下位集団への帰属によってではなく、彼の文化様式によって直接この単位に所属しているということである。要するに、同質性、読み書き能力、匿名性が鍵となる特性なのである。
>
> 本書は、文化的排外主義が一般に前産業世界には欠けていたと主張しているのではなく、ただ単に、当時の排外主義が近代的な政治的影響力あるいは政治的野望を持っていなかったと主張しているだけである。また、農耕世界が、近代の民族国家に似たような単位を作り出したこともあるということを否定しているのではなく、ただ単に、農耕世界は時折そうすることができたのに対して、近代世界は常にそうしなければならないと主張しているだけである。（同上）

ゲルナーの合理的な説明方式に対して、社会学者の大澤真幸はふたつの疑問を投げかけている。ひとつは近代史を眺めたときに産業化の時期とナショナリズム誕生の時期とがかならずしも一致しないこと、もうひとつはナショナリズムがはらむ宗教にも比し得る熱情を産業化という客観的な経済概念だけでは説明しきれないことである。大澤はゲルナー自身が論述のなかで意識していたであろうマックス・ウェーバーの『プロテスタンティズムの倫理と資本主義の精神』の議論を対置することで、その突破口を探り出そうとしている（「E・ゲルナー『ネーションとナショナリズム』」）。ここでは、ナショナリズムがかならず胚胎する（世俗的）宗教性を看過してナショナリズムを論ずることはできないということだけを確認しておきたい。

同じくイギリスのマルクス主義歴史学者であるE・J・ホブズボームも、近代のネイションとそれ以前のエスニックな共同体とをはっきり区別する。「ジョン・スチュアート・ミルは単に国民的感情の共有によってのみネイションを定義することはなかった。つまり彼は、ナショナリティの成員は『同一の政府のもとにあることを望むものであり、しかもそれが、もっぱら彼ら自身あるいはその一部によって構成される政府であるべきことを望むものである』と付け加えていた」。すなわち、ネイションの特徴は、「特殊な利害に対して一般的利害を、特権に対して共通の利益を体現していた」という点にあった（『ナショナリズムの歴史と現在』浜林正夫・嶋田耕也・庄司信訳）。たんなるエスニック共同体には、民衆自身が政治的主体となる自決の意志が生まれていなかったのである。

近代のネイションは、お互いを知っている前近代の共同体とそのネットワークが衰退したあとの空白に「想像の共同体」として出現した。アンダーソンによれば、印刷革命の成果として十六世紀に成立した出版資本主義（プリント・キャピタリズム）が「国民」という意識を形成するうえで重要な役割を演じた。出版資本主義は、ヨーロッパ世界の知的共通語であったラテン語と個々ばらばらのローカルな口語俗語の中間に、「出版語」というべき書記言語を開発した。地域共同体や職能共同体を越えて、一定範囲の読者にコミュニケーションの統一的な場をあたえた言語規範としてのこの出版語が、個々の国民語の母体を形成し、近代の国民という「想像の共同体」の創出にあたって決定的な要因となった、というのである（『想像の共同体』）（出版資本主義の役割認定についてはさまざまな異論があり得るが、ここでのテーマではない）。

ホブズボームは、どうして前近代の共同体が衰退した空白に「想像の共同体」という「代替物」を想像する必要があったのか、と問うて、その理由として、近代の国家やネイションに適合するマクロな政治的尺度において「ある種の集団的帰属感」がすでに存在していて、国家と民族運動がそれを動員することができた、という点をあげている。この「集団的帰属感」としての「プロト・ナショナル」は、「人々がその過去の大半を過ごした実際の空間の範囲を超える、超地方的な大衆の一体性」であり、また、「国家や制度とより直接的に結びついているエリート集団の政治的結合と彼らの言語の存在」であるが、後者もいずれ一般化され大衆化される可能性を秘めていた（同上）。

ナショナリズムは幻影ではない。しかし強いヴィジョンなくしては成立しない。そのヴィジョンを可能にする条件が、近代国家成立以前に絶対王権と「プロト・ナショナル」とのあいだで準備されていた。そのネガのネイションがポジに転化するには、政治主体としての「国民」を志向する市民の強い政治意志が不可欠であった。

†アメリカニズムというナショナリズム

ここでナショナリズムがそれぞれにことなる文化的な土台の上に成立した、稀有なしかしきわめて重要なケースを見ておこう。いうまでもなくアメリカのナショナリズムである。

A・D・スミスは、ネイションを「市民・領域的ネイション」（西欧先進国型）と「エスニック・系譜的ネイション」（エスニック共同体を基盤に帝国や植民地からの独立を目指すナショナリズム）という二つのモデルに大別しているが、アメリカはむろん前者の優等生であった。スミスはソ連崩壊直前に、アメリカの成功をソ連と比較してつぎのように整理している。

〔……〕合衆国は領域をもったナショナルな型の政治共同体であり、領域的ナショナリズムをもつ大国の典型例となったのである。この点で、合衆国はこれまでのところ、ソ連よりも成功を収めてきたといえる。というのも、ソ連による「領域的ネイション」をつくりだそうという試みは、結局、自らが乗り越えたいと思っていたはずのその大ロシア・ナショナリズムの喚起に、最後には頼らなくてはならなかったからである。〔……〕ソヴィエトの実験がナショナル・アイデンティティとナショナリズムの諸力との歴史的な妥協によって失敗に終わったのにたいして、合衆国の場合は、いくぶんためらいながらも、アングロ・アメリカンの文化と約束の神話、ならびにその領域的政治共同体を基盤として、完全な文化的変容を経験した国家へと移行しようとしてきたのである。

（『ナショナリズムの生命力』）

ソ連は社会主義の実験によってナショナリズムを乗り越えようとしたが、そのじつ、レーニンもスターリンもその後の指導者たちも、ロシアのナショナリズムを利用しつづけた。アメリカは最初の入植者であるピューリタンの神話を基盤にしつつ、さまざまなエスニックな背景をもつその後の移民たちをその範型に溶かし込みながら、領域的・市民的なナショナリズムへと変容を遂げることに成功した、というのがスミスの見取り図である。

政治学者の古矢旬は、『普遍国家』のナショナリズム」という意味深長な副題をもつ著書で、この「アメリカニズム」の特色を要約して言う。

> 注目すべきことは、アメリカニズムが一国の特殊な歴史的背景に由来しながら、つねに自身の方向性を人類全体にとっての普遍的目標として理想化してきた点にある。その意味で、アメリカニズムは特殊主義と普遍主義との緊張の所産であった。現今のグローバリズムが人間世界の多文化的な諸要素をひたすら平準化し均質化する傾向を内包しているのにたいし、アメリカニズムはむしろ多文化的諸要素を累次的に「発見」し、軋轢をへてそれらを内側にとりこみつつ、それら相互間の共存の条件をつねに模索してきたといえよう。
>
> (『アメリカニズム』)

相互に異質で対立的でもあり得る出身国の風土や文化は、「アメリカ的諸理念やシヴィックな諸制度によって濾過され、共存可能な国民的要素へと変換されてきた」。「独立宣言」や「合衆国憲法」に明記された普遍的理念が想起・確認されることで、国民的統一が果たされてきたのである。国民を内側から結束させる縦軸になっていたこれらの普遍的価値が、外側に「共産主義」という排除項をもつことによってさらに明確な輪郭をあたえられたのはまちがいない。古矢も、冷戦期において「反共主義」が「国民的《ナショナル》アイデンティティの基盤を形成してきたといって過言ではない」と述べている。

他の国民国家とは大きくことなる成立事情のゆえに「普遍的目標」を目指さざるを得ないアメリカニズムは、第二章で問題にした普遍的価値の特殊な担い方を考える際にも大いに比較対象になるだろう。またグローバリズムを推し進めているのもアメリカの資本主義であるのだから、アメリカは特殊と普遍だけではなく、多様と均質という対立する原理をもうちに含みこんでいると言わなければならない。

ただしイラク侵攻で露わになったように、アメリカは、当面のコストを度外視しても、武力をもって「普遍的」な価値を他国に強要しようとする国際社会の官憲としての側面と、国益をあくまで追求する一国民国家としての側面とを併せもち、かつ後者のモチーフを前者にしのびこませている。また、国内ではさまざまなマイノリティの主張につねに挑戦されつづけている。アメリカニズムがナショナリズムの正解とは言えない。

2　国民であるための資格

†国民の根拠はどこにあるのか

前近代的な領地や教区やギルドなどから解放された西欧の民衆は、民族・言語・習慣・文化・歴史といったローカルな価値を基盤に置きながらも、自由や平等といった市民的な価値を国民統一の理念とした。以後、ネイションの根拠はたびたび反芻され再定義が繰り返された。どのような基準でネイションという資格を認定するか、この基準設定がナショナリズムのあり方を大きく左右した。

十九世紀フランスの啓蒙的宗教学者であるエルネスト・ルナンは、有名な「国民とは何か」（一八八二年）という講演のなかで、「国民の権利」の存在根拠についてあらためて問いなおした。

ルナンは検証の手はじめに「種族」という基準を挙げる。しかしヨーロッパではキリスト教とローマ帝国が早くに同盟を結んだために、それ以前の「民族誌的な理由づけ」は近代的国民の形成になんら関与しなかった。つまり、ヨーロッパの最初の諸国民は本質的に「混血の国民」であった。こうして種族という説明原理がしりぞけられる。さらにルナンは「言語」、「宗教」、「利害の共通性」、「地理」、「軍事的必要」などといった基準をつぎつぎに挙げて、どれも国民という精神的原理の創造のためには不十分な基準でしかないことを確認する。ではいったい国民とは何なのか。

国民とは魂であり、精神的原理です。実は一体である二つのものが、この魂を、この精神的原理を構成しています。一方は過去にあり、他方は現在にあります。一方は豊かな記憶の遺産の共有であり、他方は現在の同意、ともに生活しようという願望、共有物として受け取った遺産を運用し続ける意志です。

（鵜飼哲訳）

そして、共通の苦悩は歓喜以上に人々を結びつける、哀悼は勝利以上に価値がある、なぜなら哀悼は義務を課し共通の努力を命ずるからだと述べ、「国民とは、したがって、人々が過去においてなし、今後もなおなす用意のある犠牲の感情によって構成された大いなる連帯心なのです」と断言する。それは過去を前提にするが現在のうちに要約される、それは共同生活を続行しようとする明確に表明された合意であり欲望である、とつづけて、有名なフレーズに導かれる。「個人の存在が生命の絶えざる肯定であると同じく、国民の存在は（この隠喩をお許しください）日々の人民投票なのです」。

国民の存在根拠は過去にひかえているのではなく、日々の国民による合意の表明によってのみ保証される。ルナンは畳みかける、「〔国民という〕道徳意識が、共同体の利益のための個の放棄が要求する犠牲によってその力を証明する限り、国民は正統であり、存在する権利をもつのです」。

どの国民にとっても、過去の遺産はローカルなものでしかない。しかし市民革命を経た近代の諸国民にとって、その輝かしき、あるいはせつに哀悼すべき過去の記憶を担い、ひとつの国民としての自覚をあらたにする精神として、普遍的なかたちが現われる。人々はもはや民族誌的な記憶に依存しない。国民としての共通の記憶に依拠しつつ、それを現在の精神として実現するのである。

現代ドイツの社会哲学者であるユルゲン・ハーバーマスは、「毎日の国民投票」(ルナンの鵜飼訳では「人民投票」)という理念において、ルナンが国民を「出自の共同体」としてではなく、「国家市民」(立法者として国家を構成する市民)として把えていたことを高く評価している(「国家市民資格とナショナル・アイデンティティ」河上倫逸・耳野健二訳)。

ハーバーマスによれば、フランス革命によって「ナツィオン」(国民)は、出自・伝統・言語を指標とする前政治的な民衆から、政治的アイデンティティをもつ市民へと意味が変わった。十九世紀の終わりには、「生得的なナショナル・アイデンティティ」という意味から法的な「国家市民資格」という意味にさらに変換を遂げた。この国家市民というアイデンティティは、「自らの民主的参加権とコミュニケイション的権利を能動的に行使する市民の実践」のなかに求められた。「国家市民資格はナショナル・アイデンティティからつねにすでに独立している」のである。

こういう終着点から見れば、フランス革命に典型的に現われた「ナショナルな意識と共和主義的心的態度との当初の緊密な結びつきは、たんなる触媒的機能を有していたにすぎない」。共和主義の理念はナショナリズムによって外側から担保されるのではなく、国家市民の政治的な実践によってのみ実現されるのである。

†合意形成だけが根拠である

ハーバーマスは思想史を振り返り、ルソーとカントが果たした功績を高く評価する。自由な国民の統一された意思と実践のまえに、普遍的な法が超越的に存在することはあり得ない、かれらはそのことをはっきりと理解していたからだ。「立法権力は国民の統合された意思にのみ由来することができる」、「各人が全員について、全員が各人についてまさに同一の議決をなすかぎりにおいて、全員の一致した意思と統合された意思だけが、同時に一般的な統合された国民的意思にとってのみ、立法をなしうるにすぎない」(『人倫の形而上学』「法論」)というカントの言葉を引用してから、ハーバーマスは、つぎのように議論を展開している。

こうした〔ルソーやカントの〕考えの眼目は、実践理性と主権的意思の統合、人権と民主主義の統合にある。支配を正統化する理性は、ロックとは異なり、もはや国民の主権的意思に先立ったり、人権を擬制的自然状態によって根拠づけたりする必要はなく、むしろ立法実践の自律性それ自身に理性的構造が組み込まれるのである。国家市民の統合された意思は、一般的で抽象的な制定法の形式でのみ表明されうるのだから、それ自体として、一般化不可能な利害をすべて排除し、すべての平等な自由を保障する規律のみを許容するということにならざるをえない。国民主権の行使が同時に人権を保障する、というわけである。（「手続きとしての国民主権」河上倫逸・耳野健二訳）

いかなる法も手続きの統一性のもとで合意されてはじめて法として承認される。しかし合意されたものが、国民の統一された意思を論拠にして絶対化されるとき、制度は抑圧的なものに転化する。

ハーバーマスはこの問題をつぎのように考える。ルソー自身が『社会契約論』で認めているように、近代社会はほんらい同質的ではない。しかしルソーやジャコバン派の人々は「統一的国民意思」（一般意志）というフィクションによって、ばらばらの諸個人をその個別利害から切り離された「立法実践の主体」に仕立てあげた。この「統一的国民意思」が「個々人の意思の不均質性の隠蔽と抑圧という代償」の上に打ち立てられたのは、自由主義者が批判しているとおりである。

したがって「政治的公共圏」においては、ルソーの「社会契約行為」は、十九世紀ドイツの政治理論家、ユリウス・フレーベルが言った「合法的で恒久的な革命」というかたちで持続されることが重要である。フレーベルの憲法原則は、「なんら『自然的権利』を規定するのではなく、一般的なコミュニケイション的権利と参加権によって平等な自由を保障する意見形成・意思形成の手続きだけを規定する」からである（同上）。

ハーバーマスにとって、国民主権原理とは、「すべての政治的権力が国家市民のコミュニケイション的権力から導かれる」ということを意味していたのである（『事実性と妥当性』河上倫逸・耳野健二訳）。

†憲法パトリオティズムは可能か

「一般意志」理解の当否を含めてきわめて興味深い論点だが、議論をもとの筋にもどしたい。この「手続きとしての国民主権」や「国家市民資格とナショナル・アイデンティティ」という論文に先立つ一九八六年に、ナチスの歴史評価をめぐってドイツの歴史家のあいだで激しい論争が取りかわされた。その過程で執筆された「一種の損害補償――

ドイツにおける現代史記述の弁護論的傾向」という文章で、ハーバーマスは「憲法パトリオティズム」という理念を提出した。坂本義和の「革新ナショナリズム」に一脈通じる概念である。

〔……〕我々を西側から離反させない唯一の愛国主義《パトリオティズム》は、憲法愛国主義《パトリオティズム》（Verfassungspatriotismus）である。諸々の普遍主義的な憲法原理への信念にもとづく忠誠は、ドイツ人の文化国家のなかでは、残念ながらアウシュヴィッツの後になって――そしてそれを通じて――初めて形成され得たのである。「罪への囚われ」（Schuldbesessenheit）（シュテュルマーとオッペンハイマー）というような決まり文句によって、このような事実に対する恥の感覚をなくしてしまおうとする者や、ドイツ人を、国民的アイデンティティーの伝統的な形態へと連れ戻そうとする者は、我々を西側へ結びつける、信頼するにたる唯一の基盤を破壊しようとしているのである。

（辰巳伸知訳）

「憲法パトリオティズム」とは、合意によってもたらされた共通の政治文化を唯一の基盤とする愛郷主義である。ネイションをほんらい政治以前のカテゴリーであるとするハーバーマスにとって、「憲法パトリオティズム」は「憲法ナショナリズム」であってはならなかった。

旧いナショナリズムに訣別する道しるべがハーバーマスでは「アウシュヴィッツ」であり、坂本義和では「ヒロシマ」であった。歴史に対する向きあい方の違いを感じさせるが、坂本の「ヒロシマ」がアジア侵略の側面に眼を覆い、被害の側面にだけ光を当てたものでないのはいうまでもない。二十世紀の核時代を見据え、日本の「中立」を実現しようとするときに、「ヒロシマ」という体験が新たな思想と運動の起点として呼び起こされたのである。「アウシュヴィッツ」と「ヒロシマ」はたしかに二十世紀に固有の悲劇的な象徴であった。

坂本にとってもハーバーマスにとっても、歴史の記憶を汲みなおし、再構築するという主体的な営みのなかでしか普遍的価値は立ち現われない。ハーバーマスの用語にしたがえば、「民主的参加権」と「コミュニケイション的権利」を行使した討議を積み重ねることではじめて、普遍的な価値は合意に達し得る。その過程において、いかなるリアルな足がかりをわれわれが見つけ出せるか否かに普遍的価値の実現の成否はかかっていた。

しかし普遍的価値が地に足をつけるその場所こそ、ナショナリティにほかならないのである。

3　普遍的価値とナショナリティ

†普遍的価値はネイションに担われる

普遍的な価値を担うべき国民（ハーバーマスにならって言えば「国家市民」）は、その価値を担うためにこの指とまれ式に集合した有志集団ではなく、大半は国民国家の国民としてすでに存在していた人々である。

普遍的価値の担い手は、もとはエスニックな、そしてナショナルな価値の担い手であり、それらの価値を担うことでできあがった共同体の一員として、普遍的価値をいだく以前からすでに存在していた。これらの担い手が伝統的価値を後景にしりぞかせ、前景に普遍的な価値を置いたときに、「憲法パトリオティズム」も「革新ナショナリズム」も動きはじめる。普遍的価値をいだくパトリオティズムもナショナリズムも、伝統的価値という背景なしには輪郭を描き得なかったのである。

ナショナリティの存在意味を重視するイギリスの政治学者、デイヴィッド・ミラーは、「憲法パトリオティズム」の観念を思い違いであるとして批判する。

〔……〕憲法は国民の政治原理をはっきりと表明したものだからこそ価値があるという考え方、あるいは（アメリカに見られたように）正式の憲法を制定するということは国民の歴史に重要な役割を演ずる行為であるという考え方と、憲法に忠誠でありさえすればナショナル・アイデンティティの代わりになり得るのだという主張とを混同しないことが重要である。憲法はふつう政治的な諸原理の言明とそれを実現するための諸機関の説明から出来あがっている。諸原理それ自体はおおむね一般的なかたちをしていて、多かれ少なかれごくふつうのリベラルな民主主義である。だからこの諸原理を承認すれば、ファシストやアナーキストに見られるよりはリベラルに見られるけれども、しかしナショナリティが供給するような政治的なアイデンティティはあたえられない。とくに、政治共同体の境界がなぜあそこにではなくここに引かれているのかについて説明してくれないし、その共同体の歴史的なアイデンティティ、すなわち、今日の政治を過去になされた決定や実行された活動に結びつけるつながりについても何も教えてくれない。

（『ナショナリティについて』拙訳）

ナショナリティを評価する立場のコモンセンスと言ってよい考え方である。ただし、「憲法パトリオティズム」という言い方には、たんなる「憲法への忠誠」ではなく、背景をあえて捨象しているとはいえ、新たな「パトリ（家郷）」への想いがこめられていたと考えられる。

新たなパトリとは憲法（われわれはここに合意されたどんな普遍的理念を代入してもかまわない）に忠誠を誓う共同体であり、ハーバーマスに逆らって言えば、このパトリこそ新たなナショナリティのふるさととなるのである。

公民としての意識はエスニックなナショナリズムに支えられている必要はない。ナショナリズム（ハーバーマスなら「パトリオティズム」）それ自体も、国家の正当性をもとめる意識として洗練されていけば、普遍的な理念にやがて収斂していかざるを得ないだろう。にもかかわらず、公民意識が公民意識として有効に機能するためには、ナショナリティに裏打ちされている必要がある。このナショナリティは、旧いナショナリティを脱皮した公民としての新たな共同性であり、これがまた新たな生活世界としてのエスニシティやコミュニティを育成する。旧エスニシティはこの新エスニシティやさまざまなコミュニティに挑戦されつづけるだろうし、いずれ新たなエスニシティの古層となるかもしれない。

世界が拡がりをもつ世界であり、人間が身体的・時間的存在であるかぎり、エスニシティは再生産される。われわれが国家の公民であるかぎり、ナショナリティも再生産される。

だがローカルはローカルである。現存する諸国家は地球上の領土をもち、個々に身体を備えた国民から構成され、それぞれ固有の歴史的文化的な背景がある。この諸国家固有の風土があればこそ、この共有された風土を土台にして、統一された共同体である国民が成立したのであった。

このそれぞれに個別であり特殊であり固有である国家という共同体がその普遍的な正当性を追求すれば、ローカルな価値と普遍的な価値とのあいだの橋渡しが必要になる。

ローカルな価値を重視すれば、その価値が含みこまない、またはその価値に与《くみ》し得ない国民を抑圧する危険があるし、普遍的な価値だけに偏れば、なぜ自分たちがひとつの国家をかたちづくっているのか、その理由がわからなくなる。

†ローカルな価値と普遍的な理念をどう結合するか

法はひとつの国家の法であっても、法の精神が普遍性を目がけている以上、一国民を越えた説得力が要請される。その一方、一国民を国民として統合する価値体系がなければ国民の求心力は弱まり、普遍的な価値を実現する力そのものが弱体化する。

この矛盾を解決する方策はおそらく二通りある。ひとつは憲法のなかにローカルな価値を組み込み、普遍的な価値とのあいだのつながりを明記し、その限界を画定しておくことだ。もうひとつは憲法からローカルな条項をできるだけ排除し、その見返りとしてローカルな価値をさまざまなコミュニティが自発的に担うという方法である。

国民国家の憲法が「国民」国家の憲法であるかぎり、前者のスタイルを多く採用しているが、国民国家がさらに公民国家に開かれていく場合、後者の道を採ることになるだろう。その場合、国家の開放性に比例してローカルな価値は多様化する。内包が小さくなれば外延が大きくなるという論理法則に従って、国民規定がゆるやかになればそこに含まれる国民は色とりどりになるからだ。多様化したいろいろなコミュニティ（諸個人）がそれでもいくつかの風土的な価値（たとえば天皇）を国民の証しとして担おうとするのか、あるいは憲法に明記された普遍的な価値（たとえば「戦争放棄」）や国民的な運動に担われたトピカルな価値（たとえば「環境」）を旗標にして諸コミュニティ（諸個人）がゆるやかな連合を取り結ぶのか、お互いの多様な価値観の存立を相互に承認することだけをナショナルなレヴェルの価値とするのか、これは理論的に決着をつけられる問題ではなく、国民の選択にゆだねられた問題である。

本章をまとめておきたい。近代西欧に誕生したネイションは、自由や平等や国民主権という民主的な理念によって結びつけられていたが、その土台にはナショナルな意識によって発見され再構成されたエスニックな共同体があった。アメリカもアングロ・アメリカンに主導されてナショナルな祖型をつくったが、約束の神話を掲げ、各国からの移民を受け容れるなかでその祖型をより普遍的なかたちに鋳直しつづけてきた。

これらの普遍的な価値をかかげた市民的ナショナリズムは、しかし、欧米国民国家がアジア・アフリカ地域を植民地化し、帝国主義が地球上を再分割した際に、力を揮った。

「文明化」の論理によって侵略と植民地化とを正当化したのである。出自や言語によるナショナリティを乗り越えようとしたルナンの「国民とは何か」は、帝国主義のさなかの言説であったことも覚えておきたい。

近代化におくれ危機意識をたぎらせた独・伊・日などの国々は、仏・米・英などの先進国家に対抗するために、それらの国の国民国家モデルを性急に採りいれ、民族主義的なナショナリズムを駆動させた。

アジア・アフリカ地域の植民地解放・民族自決の闘争では、マルクス主義などのインターナショナルな運動理論を強烈なナショナリズムが後押しした。第二次大戦後に独立を果したこれらの諸国も、（植民地時代の恣意的な地域分割も一つの原因となって）やがて国内では主導権をめぐるエスニシティ同士の争いを噴出させ、また近隣諸国と紛争を繰り返した。

市民的なナショナリズムを掲げていた先進国民国家は、おくれた地域を脅かし侵略したため、後進諸国や植民地では民族意識をたぎらせたエスニックなナショナリズムが隆盛となった。理念としては優位にあった市民的なナショナリズムが侵略のイデオロギーを提供し、危機意識を煽られた後進諸国は排外主義的で過激なナショナリズムを生み出し、植民地化された地域の解放のナショナリズムも、独立後にはナショナリズムの罠から逃れることはできなかった。いずれのタイプのナショナリズムも、そのまま今後の範型とすることはできないのである。

市民的なナショナリズムは、理念の優位性をただ誇り、他者を差別し、他国に民主化の押し売りをするのではなく、人権を保障する主権が成立する国際的な条件を整備する責任がある。エスニックなナショナリズムは、エスニシティ同士が共存する普遍的な条件を模索する必要がある。

どちらのタイプのナショナリズムも排外的な、あるいは指導者的な意識を戒め、より普遍的なステージへと歩を進めていかなければならない。エスニシティや優越感に支えられた旧いナショナリズムは、ナショナリティの審級を自覚した公民的なナショナリズムに転生し、そのナショナリズムは、養分を旧来の共同性にではなく、新たな開かれたコミュニティにもとめる（歴史的な概念である市民的ナショナリズムと区別して、あえて「公民的ナショナリズム」と表現している）。外国から帰化した日本人も、もとのエスニックな日本人も、たとえばともに日本の自然を愛する気持ちから共感を取り交わすことが可能であるのはいうまでもない。このコミュニティはいずれ新エスニシティに成長することもあるだろう。ただしこの新エスニシティは、構成員が選びとったものだという自覚を忘れてはならないのである。

つぎの章では、この新しいナショナリズムと、人権と主権という国家の根幹にある関係とのつながりについて考えたい。

第五章

自由の原理と共感の理念

1　共感がルール設定を可能にする

†「友愛」と「自由・平等」

人間が個々にことなる信条を抱き、ことなる生き方を実現することの根底に、自由という人間の本質があり、その自由を各人に保障する人権という原理が生まれた。個々に自由な主体の対等性を承認し、自由を実現する条件を規定した理念が、平等であった。

これらの理念を当事者全員が承認する場に立ち会うためには、たとえば「祖国愛」や「友愛」という（理念というよりは）共同感情がなければならなかった。そしてこの共感が当事者たちに分けもたれるためには、自由や平等という表象が少なくとも潜在的には共有されている必要があるから、自由・平等と友愛は、論理的にも現実的にも、同時に胚胎されたと考えるしかない。

少年時代に「自由・平等・博愛」というフランス革命のスローガンを知ったとき、この三つの理念が同列にあるのがなんとも不釣合いに思えた。のちに平等は自由の系列概念であると考えるようになったが、博愛は久しく謎のままであった。というより欺瞞的な理念としか思えなかった。自分の無知を他のせいにしたくはないが、「博愛」を辞書で引けば、「すべての人を等しく愛すること」（『大辞林』）とある。しかしここでの「フラタニテ（fraternite）」は「すべての人」どころか、あきらかな選別の原理であったはずだ。

封建的な身分から民衆を解放して、国民レヴェルにまで共感を行きわたらせたといった点では、たしかに「博愛」であったかもしれない。しかしその感情はひとたび敵軍と相対したときには激しい敵愾心となって燃えたぎったに相違ない（のちに国歌となった「ラ・マルセイエーズ」の歌詞の戦闘性を見よ！）。「同胞愛」「同志愛」とでも訳すべき筋合いの言葉だろう。ここではあまりパセティックにならぬためにもっとも一般的な「友愛」で進めていこう。

民族や言語という「伝統」（それが発見されたものであれ、新たに創られたものであれ）が土台にあるとはいえ、「友愛」という共時的でロマン的な理念が統合の役割を担わなければ、革命戦争を闘いぬくことはできなかった。もちろん「友愛」などという一過的で群集心理に堕しがちな理念に統合の役割を負わせるのは危険きわまりない。事実、友愛という統合理念はフランス革命のなかで権力闘争の血にまみれたのだった。

しかし、友愛であれ、民族であれ、伝統であれ、基盤になんらかの信頼のきずながなければ、ルールがルールとして成立することはない。エイリアンが突然襲来しないかぎり、人間同士というような認識だけから信頼はやってこない。市民国家の論理とは別に、ナショナリズムの問題が現われるのはその地平である。

†だれかを排除している

フランスの言語学者であるエミール・バンヴェニストは、みずからを「われ」と発言するものが「われ」なのである、と言表行為によって端的に「われ」というあり方を定義した。この「われ」は発話者として「あなた」に対して超越的な立場に立っているが、「あなた」という存在なしには成立せず、互いに反転可能な関係にある。この二人の対話の空間から排除されているのが、「三人称」によってしか語り得ない他者の存在であった。しかし対話の主体から排除されることで対話の題材を提供するこの「三人称」の存在がなければ、対話自体も成立しない（『一般言語学の諸問題』）。バンヴェニストの議論は純粋に言語学的な動機に導かれたものだが、ネイションとしての語りの構造を考える大きなヒントをわれわれにあたえてくれる。「われわれ」という「おなじ日本人同士」の対話が無意識のうちに排除している「三人称」とはなにか。

社会哲学者の今村仁司は、社会関係に内在する「暴力」の意味を追求し、相互性の存立の背後にはつねに抑圧され排除された「第三項」の存在があることを指摘した。すなわち、「われ」と「あなた」が意思を疎通することと、第三者が排除されていることとは、ふたつにしてひとつの過程なのであった。だから覆い隠されたこの第三項を焙りだすことが、社会関係の本質と構造をあきらかにすることにつながった（『暴力のオントロギー』）。

今村の排除理論は王権や貨幣の存在にまで射程を延ばして統一的な社会理論を形成しているのだが、このメカニズムは当然ながらナショナリズムにおいて絵に描いたように妥当する。求心力を高めるために外部に措定された敵国や仮想敵国だけでなく、内側から抑圧されたり排除されたりする異質なものも典型的な第三項に該当する。それだけではない、自民族や国語や信仰などが特別にフレームアップされて上方排除されたとき、それらにとって他なるものは侵害されて当然なものと表象されるのである。

ひとつのネイションを形成するために、この第三項排除が必然的に伴うとすれば、排外主義を回避する道は論理的にふたつしかない。ひとつはネイションをかたちづくらないこと、もうひとつはどれだけ抑圧的でない「排除」のかたちをとり得るか、ということである。反国民国家論者は口を揃えて前者を主張するが、実際にはかれら（日本語ほんらいの性別を問わない用法に従っている、念のため）の言説は後者を模索するひとつの触媒として機能しているように思われる。国家を廃絶する理論的な根拠も現実的な手立ても探りだせていない現在、後者の道を真剣に模索することこそ、われわれに問われている課題ではないだろうか。

われわれはさまざまなコミュニティやグループやサークルや運動に自由に出入りしているが、国家やネイションだけは基本的にはたったひとつの共同性に組み込まれなければならない。まるで積極的ではなくとも、組み込まれていること自体が排除機能を十全に果たしていると言っていい。しかし、それを根拠にして「非国民」になろうという結論は、一見良心的に見えて無責任でしかない。だいいち、「非国民」を提唱する人たちは、その提唱が拍手で迎えられるところでしか語りかけていない。

良心ぶった「非国民」もいきりたった「憂国の士」もともに、目指すべき柔軟で身軽でちょっと自慢できるナショナリズムのためには迷惑なだけだ。われわれが自由な主体であるために、ナショナリティという外枠は必要である（この章の後半で再度、考える）。しかしその外枠の箍《たが》の選び方や嵌め方、締め具合は慎重に調整しなければならない。プロの自覚をもったネイションこそ、これからのナショナリズムに不可欠の人材なのである。

†アートとしてのナショナリティ

親密な情動によって支えられている家族やお互いを知っているムラ的な共同体などとは違って、ネイション（国民）はメディアを媒介しなくては結びつくことのない「想像の共同体」であった。ただし、その想像力の基盤にはエスニックな共同体が築き上げてきたさまざまな文化的な土壌があり、そこから汲み上げられたエートスと近代的な国民国家理念とが結合したときにはじめてネイション（国民）は誕生した。

ネイションという枠組みはわれわれが恣意的に組み替えることを許さない伝統的な基盤によって支えられている。われわれの世代のうちに化石燃料を燃やしつくし森林をすべて伐採してはならないように、エスニックな伝統も消費しつくすなり断ち切ってしまえばよいという対象ではない。だが同時にネイションは近代の産物であり、近代が再検討に付されるときにはその意義も問いなおされねばならない。エスニックな土壌をあらためて調査し、そのうえに新たなナショナリティを構築しなおすこと、そのために必要なのは見識に加えて、アート（技術であり芸術）である。

国家あるいはネイションはそれ自体が目的ではなく、あくまでわれわれ一人ひとりのために存在する。自然や歴史的な景観がいまに生かされつつ保存されなければならないのは、それが民族や風土の象徴そのものであるからではなく、いまの私たち、そしてこれからの世代がそのなかで生きていく環境そのものであるからだ。民族の文化的な伝統も同様に考えたい。エスニックな廃墟のなかに次世代を放り出すのではなく、しっかり営繕された文化的伝統のなかにかれらを送り出したいということだ。

われわれがそのなかで生きてきた環境や風土や伝統を見つめなおし、われわれの新たな尺度でその引継ぎを成しとげること、これがナショナリティの責務である。

この発想と国家の正当性と限界の理念とを結合したところに新たなナショナリズムの地平が開ける。国家に付与された正当性の原理は、国民の生命、安全、人権を守り、配分的正義を実行することなど、かぎられている（ここからもちろんさまざまな責務が派生するが）。この原理の限界を越えた国家の行動に対しては、正当性の原理を掲げて国民は抵抗する権利がある。

これはきわめて普遍的な原理であるから、すべての国家に原則的に当てはまらなければならない。この普遍的な原理にナショナル固有の価値が結びつけられる。ナショナルであることは、ナショナルな形式においてかなり普遍的ではあるが、その内容はまったく個別である。だからいかなる固有の付加価値を結びつけられるかがネイションの腕の見せどころと言っていい。原理に抵触しないかぎり、さまざまな試みがなされることが期待されるのである。いろいろな提案や企画が交錯するところにナショナリズムの場所があるのだ。

ひとつのヒントが学校改革をめぐる論議のなかにある。戦後の教育改革を経てなお、現在の学校制度は国民国家形成期の学校のスタイルを踏襲している。自衛官や警察官や消防団にこそ必要な制服が子どもたちに着せられているし、選択の余地のかぎられたカリキュラムが強制され、音楽や体育までが画一的に教えられている。週五日生徒を校舎のなかに閉じ込めて、画一的なスケジュールを消化させる必要はない。いくつかの基本ルール以外は多様な選択肢が認められるべきである（ミュージック・スクールや剣道の道場や英語学校なども、要件さえ満たせば単位を認定できるなど)。

学校教育、とくに義務教育のなかで教師が絶対に行なうべきことは、生きていくために最低限必要なリテラシー(読み書き算盤の現代版)と国民として最低限わきまえておくべき「公民」としての知識とルールだけである。

このルールが主権者である国民のあいだに、国家と主権者である国民とのあいだに取り交わされた約束であり、国家が国民に要求できることも、この「公民」としての範疇に限定されるのである。国家はそれしかできないのであり、国家の構成員としての国民の義務と役割もこの範疇にかぎられる。

学校に生徒のあらゆる面を管理する必要も権限もないように、国家の役割も限定されているのである。それ以外は、学校でも国家でも多様な活動こそが望まれるのだ。

その公民のルールを設定し実現するネイションという(論理的には)ルール以前に存在する集団を集団として規定しているのが、エスニックな価値に支えられ、主権者としての意識を標榜するナショナリティにほかならない。この国家と国民とのルール設定についてつぎに考えたい。

2　ルールの再発見

†失笑された形式民主主義

内容と形式という古くからのカテゴリーがある。ルールは形式に属する概念だからいろいろなケースに当てはめられる。たとえば同窓会の幹事たちがつぎの総会後のパーティを計画しているとしよう。

料理をめぐって和食の座敷にするか中華のテーブルにするかイタリアンで立食にするかで意見が対立した。料理の優劣を競っているわけではなく、どれがみんなにいちばん喜ばれるか、どれにしたら集まりがいいかという議題だ。多数決をとって決めるか、三者のどれでも選べるようにバイキング形式にするか。多数決で和食に決まったとしても、次回は次点の中華にするとか、決め方はさまざまであるが、みんなが納得できる決め方をしなければならない。ルールという形式面だけがここでは尊重される。もっと正確に言えばルールを尊重したという事実さえ確保されていればよい。同窓会は集まることが目的で、食事内容は二の次だからだ。

だが深刻な議題になればこうはいかない。六〇年安保闘争の折、「安保改悪反対」のスローガンとともに、運動の後半期には「民主主義を守れ」「岸を倒せ」というスローガンが掲げられた。最後には強行採決にいたる岸内閣の国会運営にたいする批判の声である。前者が「平和」を希求する叫びであったとすれば、後者は「民主主義」をもとめる声であった。いうまでもなく「平和」と「民主主義」は戦後政治運動の二大テーマである。

しかし日本共産党はその五年前までは武装闘争を指導していたし、「民主主義」というスローガンはかならずしも「議会制民主主義」のルールと反《そ》りが合っていたわけではない。その十年足らずあとの大学紛争では、民主主義のルールはもはや瞞着の道具としかみなされず、失笑の対象でしかなかった。「戦う者の民主主義」などと言われたのもその頃のことだ。全共闘が忌み嫌った共産党の前衛理論と構造はまったくおなじであることに、言っている本人たちは気づいていたのだろうか。要は「革命」や「大学解体」という目的理念（内容）にあって、それを推し進める手続きなどを問題にすること自体が「体制的」あるいは「民青的」だったのである。

大学紛争初期の一九六八年のことだ。私の所属していた学部でも学生の処分撤回を求めて自治会がストライキを決議した。どういうなりゆきだったかは忘れたが、私も数人の活動家と一緒に、授業を受けに来た学生を説得し了解を求める役割を負った。ところが説得に承服しない数人の学生が教室に入ろうとして、小競り合いが起こった。かれらはストライキの是非には触れず、ただ授業を受けたいという意志だけを主張した。その態度には共感できなかったが、かれらに授業を受けさせない権限が自治会にあるとは思えなかった。ストライキ（授業ボイコット）をするのはわれわれの勝手だが、授業を受けたいという学生を阻止する権限はないはずだった。労働組合ではない自治会の規約にストライキ規定などもちろんない（すなわち学生間で合意していない）。

今度はこちら側で議論になったのだが、私は単独の少数派で話にもならない。ストライキというよりは封鎖を貫徹することが目的の学生たちにルールや手続きなどというものはじつにくだらないテーマであった。

それから三分の一世紀が経過し、社会主義イデオロギーはほぼ自滅し、あらためて叫ばれているのが「人権」という概念だ。「人権」はその理念からいって国家体制の如何にかかわりなく、どのような国家体制にも対置することができる基本権である。信教の自由、表現の自由、職業選択の自由などはもとより、財産権の不可侵、生存権といった権利にしても基本的には形式的な規定である。人間が「国民」となる以前から存在したとされる、これらの人としての権利は、しかし国家権力に認めさせ保障させないかぎり最終的な効力をともなわない。

人権は国家権力との対抗関係において、国家権力に介入させない消極的権利としての自由権、国家に逆に権力の発動を求める受益権、国家権力への参加をもとめる参政権に大別されるように、国家権力との緊張のなかで確立されてきた権利である。だから国家権力との対抗関係のなかで人権のアイテムは増加してきた。現在でも「環境権」などが議論されている。

個々人の自由を確保するものとしての「人権」はどのような制度が保障し、その制度はいかなるルールのもとに運営されなければならないのか、あらためて問うてみよう。

†自由の領分とルールのネットワーク

冷戦構造が社会主義陣営の明らかな敗北で終焉したあとでも、イデオロギー対立はさまざまなかたちに引き継がれ、あるいは宗派や民族間の旧い対立が新たな対立のなかに呼び起こされている。この対決に終止符を打つ強い思想は現われないのか。あるいは思想というものは所詮相対的なものにすぎず、そのどれかに正解を求めるのではなく、いかに共存させるかだけがいまの課題なのであろうか。

現象学の新たな展開を追究している竹田青嗣の『近代哲学再考』は、そんな迷いや躊躇《ためら》いや諦めに対して、近代哲学の基本線にまでさかのぼり、そこに混迷を解く鍵をもとめる試みである。

竹田はこんな具合に考え方を展開していく。人々の認識のあいだには、もともと一致できる領域と、個々にばらばらで一致できない領域とがある。人間の「類的身体性」に相関する客観的な物の世界やそれを前提にした科学の世界は共通了解の可能な領域であるが、人間の「幻想的身体性」に相関する宗教や思想などの価値観の世界は、共通了解がほんらい成立しない領域である。人間の本質が自由であるかぎり（この「自由」の本質の発見こそ近代哲学の最大の発見であった）、なにか一つの「理想理念」に収束することは原理的にあり得ないからだ。カントからフッサールにいたる認識論をふまえた竹田のこの発想は、事実と価値をめぐる伝統的な問題の新バージョンと言っていいだろう。

この不可避の信念対立を克服する唯一の道は、お互いの世界観の「承認」をめぐるせめぎあいを放棄して、それぞれに対立する世界観の根柢にある「自由」を「相互承認」することにしかない。人間の欲望は「他者」による「承認」を介してしか実現できないとするヘーゲルの人間存在論の発展的な読解である。

竹田は近代政治哲学の大筋を以下のようにトレースする。権利や法の根拠を神や聖なる王などという一切の超越的な物語や神話から切断し、赤裸々な人間同士が設定するルールに置きなおそうとしたホッブズ（神を根拠とする「対抗理念」をいま一度もちだすロックは、それゆえ思想的後退とされる）。社会の全成員の自由な意志による「合意」だけを唯一の政治的根拠とし、そこに形成される「一般意志」があらゆる法や政治行為を正当化する公準であることを導きだしたルソー。自由こそが道徳の存在根拠であることを哲学的に基礎づけしたカント。人間は自由の理念だけでは自由にはなれないことを見抜き、その現実的な条件を探究したヘーゲル。

ヘーゲルによれば、人間はそれぞれ自由な欲望として出発し、他者による承認をもとめて果てしなき闘争を繰り広げるが、それを調停することができる唯一の原理が「自由の相互承認」であった。「市民国家」はそれを実現する装置であるはずだった。だがその後、自由な欲望に駆動された資本主義はあくなき増殖をもとめ、貧富の差を拡大し、国民国家は植民地獲得と帝国主義戦争に狂奔した。そのために、民衆を抑圧から解放する「平等」という原理が社会思想のプライオリティの位置を占めるようになった。しかし、平等原理を第一に置く社会主義を含めて、「自由」を基礎としないあらゆる「理想理念」は、必然的に対立する他の理想理念を抑圧し圧殺する独裁体制を結果した。

竹田は混迷するポストモダンの思想の圏域から離れて、いま一度「自由の相互承認」という市民社会原理と、そのルール群にまで回帰して、そこに国家間の関係をも調整する原理を読み込んでいくことを主張する。

竹田の世界認識の基本には、人々に共通に「確信成立」が訪れる科学に代表される世界と、人間の自由という共通本質によってお互いの共通了解が原理的に不可能な宗教や思想の世界との区分けがあった。しかし後者の世界をただ相対的な世界として放置するのではなく、それぞれの世界の存在根拠である自由の相互承認は可能であること、すなわち、お互い究極的には了解不可能な世界同士が共存するルールを確定することだけは可能であること、これが竹田の基本原理である。

「確信成立」の条件を探る竹田現象学の理解と、「自由」という本質を探究した近代社会哲学を合流させることによって、一切の形而上学を廃しながら、かつ互いにことなる価値観をもつ者が互いに自由な者同士としての信頼を可能にする領域を確定しようとする試みであった。

ただ、そのようなルール設定をする審級それ自体を一つのイデオロギー装置としてしか認めない考え方をどう説得できるか、というところに依然問題は残される。議会制民主主義というルールをブルジョア・イデオロギーとして排除したマルクス主義の立場はわれわれの記憶に新しい。共存するさまざまな文化的諸集団の対等な価値の承認をもとめる多文化主義は、自立した個人の諸権利だけを対等なものとして措定する普遍主義それ自体がひとつの歴史と文化を背負った特殊な原理であると主張している。イスラム主義も、政治的な妥協としてはともかく、論理のレヴェルではこのルール設定を認めようとしないだろう。

普遍と特殊をめぐるこの堂々めぐりは、論理パズルとして解くことはできない。しかし同レヴェルの争いはひとつ上の審級に裁定をあおがなければ決着はつかない。どのような審級の論理であるならばだれにでも納得が訪れることが可能になるのか、竹田の提起は少なくともそのポイントを明確に浮き彫りにしている（本章脱稿後に、『近代哲学再考』の論理をさらに精緻に展開した『人間的自由の条件』が刊行されたが、基本線に変更はない）。当面の課題はむしろ、他者の自由を「相互承認」するために必要な現実的な条件の整備である。抑圧者と被抑圧者とのあいだに自由の「相互承認」はあり得ないからだ。

井上達夫はおなじ範疇の問題をリベラリズムの立場から探求し、「自由の帰結としての多元性の事実を見据え、その下でなお公共的に正当化可能な公共性陶冶の条件、いわば二階の公共性を模索する」というところに、リベラリズムの課題を見出している（『他者への自由』）。

自由は権力への意志をもっているので、自由を超えたものによって限定されないと専制に転化する、と井上は考える。しかしこの自由の限定は、たんなる自由の制限ではなく、自由を鍛え上げる試練として捉えられなければならない。「この自由の逆説性を解く鍵は、他者性の受容を自由に要請する正義の基底性にある。自由の優位ではなく、正義の基底性こそリベラリズムの基盤をなす理由はここにある」（同上）。

人間の自由の本質を基底に据え、その相互承認によって公共的なルールの世界を設定する竹田に対して、井上はおなじ自由の本質から議論をはじめるが、他者性の受容を自由に要請する正義の基底性を基盤に置く。ここでは欲望相関論的な発想と規範主義的な発想との違いを確認しただけで、つぎに進みたい。

3　主権と人権

†主権と人権はかならずしも対立しない

人権はさまざまな政治的、社会的、宗教的、家族的な権力との戦いのなかからはじめて獲得された、そしていまも獲得されつつある理念である。人権は国家主権に侵害された長い歴史があるために、人権擁護を訴える人たちは国家主権に対してしばしば敵対的に構える。

一方、アジア諸国が欧米諸国から国内の人権侵害を批判された場合、政権担当者は「アジア的価値論」をもちだして対抗し、欧米の人権概念に強い留保をつけるが、そのとき盾《たて》にしているのは同じく欧米由来の主権概念である。

このように主権と人権は対立した概念として受け取られがちであるが、両者のあいだには密接なつながりがある。井上達夫はこの内的な連関をつぎのようにあとづけている（「リベラル・デモクラシーと『アジア的価値』」）。

第一に、「国際関係における主権国家の対等かつ独立した地位は、人権享有主体たる諸個人の平等と自律性の概念的投影である。主権はいわば大写しされた人権である」。だから人権の主体である諸個人間の関係と主権国家間の関係とのあいだにはアナロジカルな関係がある。

第二に、「人権は主権の機能的補完物である」。近代国家は教会やギルドや自治都市などの中間集団を取り払ったので、諸個人は強大な国家権力の前に直接立たされた。そのため人権は国家権力の専制から諸個人を保護する機能を担う権利として発展した。「中世的な専制抑止装置を破壊した近代国家は、その代償として人権保障の制度化を要請されたのである」。

第三に、「主権は人権の保障装置である」。近代以前の中間集団は諸個人の保護膜として機能した部分もあったとはいえ、同時に諸個人に対する抑圧者であった。だから近代国家はこれらの封建的・身分的な桎梏から個人を解放する人権の擁護者としての役割を要請された。すなわち、「主権国家の倫理的存在理由を与える理念こそまさに人権なのである」。

このように見てくれれば、欧米からの人権尊重要求をはねつける根拠として主権概念をもちだす「アジア的価値論」も、主権を時代錯誤として斥ける普遍的人権論も、ともに主権と人権を対立させて捉えている点で同じ過ちを犯していることが分かる。以上の議論を踏まえて井上は、「人権なくして主権なし」という命題を強調する。

憲法学者の樋口陽一は、社会の同質性を前提とする集権＝多数派デモクラシーである「ルソー＝ジャコバン型国家像」と、社会の異質性を前提とする協調＝多元的デモクラシーとしての「トクヴィル＝アメリカ型国家像」を対比し、「共和国の一体不可分性」「一般意思の万能」「国家とその法律の優位」「主権」などをシンボルとする前者から、「人権」「立憲主義」「法治国家」「市民社会」などをシンボルとする後者への流れを一般的な潮流と捉える。しかし、「主権の担い手としての近代国民国家による中間団体の原則的否定を通してはじめて、人権の主体としての個人が成立した」という前者に含まれるメリットを忘れてはならないとする（『近代国民国家の憲法構造』）。

樋口や井上の立論を踏まえて言えば、国家主権がだれの人権を（国民全部か、その一部だけか、あるいは外国人居住者をも含むのか）、どのような方法によって、どれだけ保障しているかが、当該国家の正当性を測る大きな判断基準となる。同時に、その理念をナショナリズムがどのように促進し、その成果をどのように判断しているかという点に、ナショナリズムの質が問われるのである。成熟したナショナリズムは、ただ自他を区別することではなく、他者の尊厳をみずからがどれだけ実質的に認めているかによって計られるだろう。

†主権はコントロールできる

国家という問題を人権と主権が織りなす動的なゲームとして考えるのではなく、国家をあくまで個人に敵対し抑圧する制度として捉える傾向は根強い。たとえばつぎのような語りを聞こう。

国家が守るべき憲法とか法律は国家が守ればいいわけです。あるいは国家の召使いである官僚が守ればいい。国民一般が守るべき理由はすこしもありません。それは個人の問題です。

先ほど指摘したように、国家は国民すべてを包み込む袋ではないというのが大原則です。こうした基本的なことはきちんと押さえておいたほうがいいとおもいます。そこがわかっていれば変に間違うことはありません。

（『「ならずもの国家」異論』）

これは他ならぬ吉本隆明の発言であり、それも五〇年代や六〇年代に語られた言葉ではない。イラク戦争以降の国際関係を見すえたうえでの発言だ。

『「ならずもの国家」異論』自体は北朝鮮拉致被害者問題についてじつに冷静な解決法を提案していて、さすが吉本と思わせる。拉致はむろん国際犯罪だが、北朝鮮にすればそれ以前に日本はもっとひどい植民地支配をしたではないかという想いがある。両者がどんどん起源を遡っていけば、「夫婦喧嘩」のように際限がなくなり、「永遠の水掛け論」になる、だから、最終的には拉致被害者が日本と北朝鮮のどちらの国で生活したいかという意思を尊重することだけが唯一の解決法だ、というのである（答えはほとんど自明な問いをあえて提出している）。「そしていったんそうと決まったら、両国ともこの問題についていては蒸し返したり、ふたたび言い掛かりをつけたりしないという協定を結ぶ。これが精いっぱいで、またそれがいちばんいい解決策だとおもいます」。

だが国家観のほうは、ただ発言の底にある凄みと重みを感じとるしかない。むろん国家は「国民すべてを包み込む袋」ではない。だからこそ主権行使のあり方を国民はつねにチェックしコントロールできるわけである。

つぎに、二〇〇四年四月に起きたイラク人質事件の際に現われた、われわれ日本人の国家観を検討してみたい。占領下のイラクの一武装勢力が日本人三人を人質に取り自衛隊の撤退を要求、日本政府は撤退を拒否したが、交渉のすえ人質は解放された。これが事件の概要である。

まず、人質の家族や支援者が政府に救出を強く要請、自衛隊撤退を訴えた。これに反発し、甘い判断で出かけていった人質三人の「自己責任」を厳しく問う議論が、人質解放（四月十五日）後にはとくに、新聞やワイドショーや居酒屋レヴェルで沸騰した。そんななかでメジャー二紙に発表された典型的なオピニオンを取り上げたい。

誘拐の責任を自衛隊派遣にもとめた人々は、個々の国民の命を守るという国家の責任を強調した。武装勢力との交渉に応じること（これは当然のことだ）、そして自衛隊の撤退を要求したのである。

だが国際政治学者の白石隆は、「テロに屈するな」という国際的規範と「政府は国民の生命を守る義務がある」という「日本の国内的な社会契約」とのあいだに、どう折り合いをつけるかが人質救出問題の本質なのであって、「自衛隊派遣」に短絡すべきではない、と主張した（「地球を読む」、『読売新聞』四月十八日号）。派遣の是非は別にして、ポイントを押さえた意見であった。

反国家的な立場の人々は、まずメディアを通して武装勢力に声明を出し、国家の自衛隊派兵に自分たちは反対であり、撤兵させる努力をいまも続けているのだと表明し、自分たちの仲間である人質を政府との交渉に使うのは筋違いだから即刻解放すべきである、と言うべきではなかったのか（当初はあまり報道されなかったが、いくつものNGOが武装勢力に働きかけていたことをあとから知った）。政府の責任を強調したかれらの発言は、人権を保障しているのが主権であることを裏側から証明してしまったのである。

国際政治学者の中西寛は、こうした一部「市民派」の「シニカルな権力観」をはっきり批判した。「普段は反政府を標榜し、政府とは無縁に生きていくことを良しとする人々が、問題が生じた時に権力万能主義、すなわち権力がその気になれば何でもできるかのように責任を政府に押しつける姿勢を見せることがある。それは今の日本社会に潜在的にかなり広まった風潮かも知れないが、こうした姿勢は論理的、道義的に首尾一貫したものとは言えず、自己矛盾していると言わざるを得ない」(「国家の声価　高める個人」、『朝日新聞』四月二十六日号夕刊)。

作家の高橋源一郎は、自分たち国民は国税を納めるという「国民の義務」を遵守しているのに、政府は、人質救済、すなわち国民を保護する当然の義務を果たすことがまるで迷惑だったようだ、むしろ「日本人の名誉を高め(その結果、日本の安全に寄与し)」た人質たちに政府もマスコミも感謝すべきであるのに、といった趣旨の文章を発表した(「Q　どこかの国の人質問題」、『朝日新聞』四月十九日号夕刊)。

ここで高橋は、国民と政府とのあいだをあえて単純化して、対価(税金)とサービス(国民の保護)の関係として提示している。たしかに国民の人権を保障することが主権の最大の存在理由である。だがそのためにこそ、政府は主権を行使して政策を実行しているわけであり(実態はその目的があいまいであることが多いが)、自国民の生命の安全を保障するという原理的な観点からの要請と政策遂行という応用面のどちらを優先させるかといった設問は、個々に具体的に判断するしかない問いである。

社会学者の上野千鶴子は、イラクの武装勢力が日本の「国家」と「市民」とを区別して、三人の人質を解放したことを重視し、「血で血を洗う戦闘状態のなか、多くの人々の関与で、これほどまでに理性的な判断が成立したことが、事件でなくてなんだろうか」と書いた(「私の視点」、『朝日新聞』四月三十日号)。人質のうちふたりはNGOの一員であり、もうひとりも民間のカメラマンであったから、たしかに国家を代表したり代弁したりする立場ではない。人質がもし「国家を背負う人」だったら事態は別の展開を見せたかもしれないとして、上野は殺害されたふたりの外交官の例を対比させている。

その後の展開のなかで、自衛隊派遣に反対を表明していたジャーナリストふたりが外交官とおなじく射殺されたこと、またナイーヴな関心でイラクに足を踏み入れた青年が人質になり、解放されぬまま惨殺されたことをわれわれは知っている。武装勢力はここでは「国家」と「市民」とを区別しなかった。あるいは、ジャーナリストや青年が国家を背負わない「市民」であることを知ったうえで、「国家」にあたえる損失効果を優先させたのである。

事後的な知識を笠に着て批判するつもりはないし、上野も「事件」と評することで、事態はさほど「理性的」でも容易でもないことを暗示していた。

また上野は、国家と国家の争いである戦争のなかでは、これまで「国家に所属する国民」は敵国の国民から自動的に「敵」と見なされたが、人質となった三人とイラクの市民とのあいだには「市民と市民の関係」が成り立つことを強調した。しかし、自衛隊の派遣目的が「復興支援」に限定されていて、武装勢力に対しては警戒しつつ、多くのイラク国民とは友好関係を保とうとしているからこそ、「市民と市民の関係」が可能になるのである（こう言ったからといって、私は自衛隊派遣を支持していない）。戦争当事国の「市民」同士がいつも国家とは別の次元の関係を取り結べるわけではない。

上野はエッセイの最後を人質となった三人に向けて、「私たちはあなたたちのような勇気のある市民を持ったことを、誇りに思う」という言葉で結んでいる。言いたいことが分からないではない、しかし「世界市民」でもなく日本「国民」でもない、この「私たち」とはいったいどのような輪郭を描いているのだろうか。

もちろん権力はつねにまちがえる可能性をもっているし、つねに腐敗する。政府とはことなる情報ルートと人脈をもった、あるいは現在の政策とはことなるオールタナティヴな考え方をもった国民がつねに存在していることが必要であり、政府と国民とのあいだに絶えざるフィードバックがなければならないのは当然だ。だがそのことと、国家と市民とのあいだにはじめから切断線を引くこととは別の問題ではないだろうか。

リバータリアン（自由至上主義者）であった頃のロバート・ノージックが主張した

「最小国家」においてさえ、「暴力・盗み・詐欺からの保護、契約の執行など」がそのきわめて限定された責務となっていた（『アナーキー・国家・ユートピア』嶋津格訳）。それがなければわれわれの人権は、原初の「自然状態」のなかにもあると仮構された「自然権」というきわめてあやふやなものに頼らざるを得ないのである。

上野はかつて、ナショナリズムを「国民国家と個人との同一化」と規定した（『ナショナリズムとジェンダー』）。残念ながらこの規定に該当するナショナリズムはあとを絶たない。しかし、国家と個人を同一化するか、あるいは国家と個人を対峙させるかという二者択一から離れたところに、国家そしてナショナリズムの場所を探していきたいと思う。

†いろいろな国家があったほうがいい

人権概念は普遍的だが、人権の主体である諸個人は当然にも個別の存在である。個人が個別で自由であることが人権の存在根拠であり、人権が存することによって個人は自由を保障される。

これと同じく、各国家はそれぞれにことなる来歴をもつが、主権概念は国際社会において普遍的に通用しなければならない。強大国も弱小国も、長い歴史をもつ国も独立間もない国も、いずれも等しく主権を分けあたえられていることを、近代の国際社会は理論的かつ法的に合意した。国家間の力の優劣によって主権概念が左右されないのは、個々人の門地や能力を捨象したところに権理通義としての人権概念が現われたことと同じ理由による。

人権概念は普遍的だが個人は自由ゆえに特殊な主体であるように、主権という各国家の最終決定権は国家間で合意された普遍的な権利だが、各国家それぞれは個別で自主的な体制を営んでいる。個人がクリスチャンであるのもムスリムであるのも仏教に帰依していることも、いずれも人権に保障されるのと同じく、各国家が自由で民主的な体制を備えているか、独裁者が民衆を支配しているかは、とりあえずは捨象してからねばならない。

かつてアパルトヘイト政策を手放そうとしなかった南アフリカ政府をさまざまなかたちで国際社会から閉め出したように、国民の人権を侵害する国家に非軍事的な手段で制裁を加えることは当然にも正当化される。

もちろん個人（individual）はラテン語の語源から言っても分割不可能な主体であるが、国家の一体性は国民という構成主体の合意（フィクションとしての合意であっても）によってのみ出来あがっている。だから人権と主権のアナロジーの通用する範囲は限定されるが、しかし主権概念は各国家の個別性を前提につくりあげられた概念であった。

国家は個別である。世界政府の構想にも合意はない。ＥＵのようなゆるやかな連合が望まれているのもたしかだが、お互いの持ち札にさほどの違いがなく、かつそれぞれの主権は手放さず、統合による有利な結果が予測できるという条件が必要だ。

諸国家がより大きな共同体に統合されることなく、ささやかであれひとつの国家にまとまっていたいという欲求には、それなりの理由がある。

第一に、基本的人権をもつ諸個人が自由な意識のもとに、さまざまな自由な活動を展開したいという欲求をもつように、諸国家にもそれぞれの持ち味を生かした独自の政策を展開しようという意向がある。それが主権にあたえられた積極的な意味でもある。その政策はエスニシティの文化に根ざしたものでも、普遍志向の合理的に構築されたものでもかまわない。

第二に、各国家がそれぞれの風土のなかで国民の意向を生かした政策を実現することにより、多様な世界が成立し、諸個人の多様な生き方を保障する多様な選択肢が出来あがる（諸個人が国籍を変更する権利も、人権概念を敷衍することであたえられる）。

等しく人権をもつ諸個人が自由を保障されていることによって、多様な生き方を実現し、多様な文化をつくり出しているように、等しく主権をもつ諸国家が、国内の人権を保障し、そのことによって多様な文化の実現を支援しながら、国際社会に独自の共同体として存在を主張していくことは、諸個人の自由な活動の成果であると同時に、新たな自由の可能性への条件でもある。

終章

誇りをもってナショナルに

1　文化的共同性から法的共同性へ

†エスニシティの行方

子どもが生まれたとき、その子どもの国籍は自由に選択できるわけではない。国民国家における国籍取得に関する原理は、出生の際の親の血統に従って親とおなじ国籍があたえられる血統主義と、出生した場所の国籍があたえられる出生地主義とに大別される。ただしなんらかのかたちで両方の原理を併用しているケースが大半で、血統主義をとる日本の国籍法も出生地主義を例外的に採用している。また出生時以外には、帰化などによる国籍取得方法が認められている。

この国籍認定の基準のなかに、だれを「われわれ国民」の一員として認めるかという「われわれ」の自己認識が端的に表現されている。フランスやアメリカの出生地主義が国民国家成立時の市民的・領域的ナショナリズムの流れにあり、日本やドイツの血統主義にエスニックなナショナリズムの要因が影を落としていることは容易に理解できる。

このように国籍認定をめぐる判断基準はネイション成立の歴史に大きく規定されているのだが、日本民族であるがゆえに日本国民であるという基準は今後いつまで通用するだろうか。国民国家成立期には、おなじ民族であり、おなじ言語と文化を共有し、天皇をその中心に押し戴くという、日本人あるいは日本国民というアイデンティティにほとんど揺るぎはなかった。しかし大日本帝国はその後植民地や南方の戦地の住民を統合するために多民族を包みこむ論理を模索し、最後には「大東亜共栄圏」あるいは「八紘一宇」のスローガンを唱えたが（満州では「五族協和」）、主唱者自身にもそれが幻想でありイデオロギーであることはあきらかであった。敗戦後にはふたたび「単一民族」の論理に舞い戻り、その単一民族のイデオロギーがさらに批判にさらされるという道筋を歩んだ。ナショナリティと民族の関係づけがきわめて政治的であることはこの経緯を見るだけでも明白である。

国籍としてのナショナリティは、アイヌ系日本人や韓国系日本人がいるように、それぞれのエスニックな系統を尊重しつつ、文化的には共存、法的には同一という考え方を採るのがこれからの最良の道であろう。

自由や人権や平等といった普遍的価値は、たとえば「友愛」という共同性を担保する理念なしには実現されなかった。ルールを機能させるには、機能させる場としての共同性が不可欠だからである。その「友愛」の底にはエスニックな共同体が下支えをしていた。このエスニシティや宗教の力は、共産主義のイデオロギーなどにくらべてずっと根深いものであることを冷戦後の世界はわれわれに教えてくれた。共産党員というアイデンティティは権力意識やエリート意識以上のものではなかったが、独裁国家の強権の下に潜在していた宗教意識や民族意識は、新たな国民国家を確立すべく立ち上がり、さらに血で血を洗う戦いを展開した。

その一方、この旧東側の諸国が共産主義体制を脱却するに際して、自由や人権や平等という普遍的な価値が精神的な原動力であったのはいうまでもない。新たに誕生した国家がそれらの価値を標榜したのは必然的であり選択の余地はなかった。したがって普遍的な国家理念を掲げる以上、エスニシティのせめぎあいのなかから、主権国家の存在根拠に齟齬をきたさないかたちのナショナリズムが統合の原理として模索されなければならない。

われわれが身体性を備え、記憶をアイデンティティのよすがとして生きているかぎり、エスニシティはかけがえのない価値である。それゆえエスニックなナショナリズムから普遍的価値を掲げたナショナリズムへの移行は、エスニックな価値に対抗してではなく、エスニシティを十分に尊重するかたちで行なわれる必要がある。エスニックな価値は何度も再生しながらわれわれとともに生きつづける、しかしナショナリティの明示的な指標の位置からは降板するのである。

†袞竜《こんりょう》の袖を離れて

天皇を「国民統合の象徴」とする文化的共同体の一員として、国民を位置づける日本国憲法の規定は、民族・宗教・思想信条・言語の違いにかかわらず、法というルールに従うかぎり対等な国民として扱われねばならないとする近代市民国家の基本原理に抵触する可能性を秘めている。もちろん、天皇の権限の限界を画定したメリットを忘れてはならないが、その限界画定の歴史的な役割は終わろうとしている（もはや明治憲法にもどることはあり得ない）。

神道は国家神道から解放されることによって、風土に密着した多様なエートスの再発見をはじめ、民俗宗教としての自由な営みが可能になったように（発想や組織体質のなかに国家神道的なものを多く残しているが）、あるいは「国技」と称される大相撲の国家護持をだれも主張しないように、天皇制が国家という法的共同体の内側に組み込まれている文化的な必然性はない。

むろん天皇制は宗教や文化の要素を含みつつも、政治制度そのものであった。歴史のなかで政治権力を奪われていた時期にも政治的権威ではあった。象徴天皇制は天皇から政治と軍事の一切の権限を剝奪し、国事行為という儀礼的な機能だけを残した。しかし天皇の存在そのものが「国民統合」の象徴的な機能を越えて、大きな社会的機能を果たし得ることを政治家も国民もよく知っている。

被災地に首相や大臣が駆けつけるより、皇室の人たちが訪れるほうが被災者をどれだけ元気づけているか。首相や外相が外国訪問するより、天皇夫妻や皇太子夫妻が訪れる皇室外交のほうがよほど友好面の効果は大きい。しかし積極的に皇室外交に取り組むことは、憲法に規定された国事行為を逸脱し、推進する政府の「政治利用」となる可能性が高い。要するに政府とその政府に信託をあたえている国民の無力を曝けだしているだけなのである。

天皇制はたしかに国内秩序を安定させる大きな要因である。だがこの「安定」の内実を眺めたとき、国民の公民としての自立を妨げていることは、第二章で見たとおりである。象徴天皇制が「国民統合」の機能を見事に果たしてきたことに問題があるのだ。あえて逆説的に言えば、天皇の公的人格が完璧であればあるだけ、問題はさらに深くなる。国民の統合を国民個々人の意志の相互の水平的な承認にもとめずに、天皇による垂直的で幻想的な承認にもとめるとき、国民は公民としての自立をみずから妨げているのである。

それだけではない、皇太子妃の精神的なストレス、皇太子の「人格否定」発言、それに対する弟宮の批判的な発言など、この間の皇室の一連の出来事は、皇室の無「私」の努力によって支えられてきた象徴天皇制がもはや限界に達しつつある予兆のようにも思われる。

国民のあいだの時間をかけた冷静な議論、国民と皇室とのあいだの率直な話し合いを経て、皇室はいずれ憲法規定から外れて、一法人として独立することが望ましいと私は考えている。天皇制の政治との訣別である。そうなれば皇室外交（民間外交としての）も自由であるし、被災者の前で神事を執り行なうことも可能になる。ただしそれがいつになるかは、国民次第だ。

2　公民的ナショナリズムへ

†ナショナルとトランスナショナルと

タブーに守られた幻想的な天皇位にではなく、つねに変更可能な国民の合意によってこそ「国民の統合」は図られるべきであろう。しかし国民という共同体の境界を画定しているもの（だれに「日々の人民投票」の資格があるのかという「われわれ」認定）の根拠を法の内側から問うても、国籍認定の基準しか示されていない。また西欧近代の社会契約説は、当時勃興してきた市民の政治意識を初発の契約というフィクショナルな起源に投影して説明したものであった。現在では暗黙の社会契約というかたちで共時的に了解しなおすことが望ましい。そしてその契約意識の根底にあるものがナショナリティ（国民であることの意識）でありナショナリズムである。その意義を認めることが、国民の自己認定および自己限定として必要なことではないか。この場合、ナショナリティはいったんエスニシティから切り離される。

エスニックな価値は共同体という地に足を着けていた。ネイション（国民）の共同性を枠づけする価値としては他に換えがたい力をもっている。そのことがまた他の共同体に対する排外性という大きな難点につながった。

ネイションはいくつかのエスニシティを統合することで成立した。ただし、この統合はネイションとして結集した民衆が同時に政治的主体となることと不可分な過程であった。たんなるエスニシティ連合でもエスニシティ統合でもなかった。

公民はあくまでも法的な人格であるが、お互いを公民として認める文化的一体性がナショナリティである。この一体性はみずからの内側に複数のエスニシティを受容しつつ、そのエスニシティを相対化したところに成立するナショナルな一体性である。

エスニシティからいったん切り離された普遍的あるいは普遍志向的な価値を標榜し、ナショナリティのただしい審級を自覚した公民的ナショナリズムは、それゆえみずからを土着化する不断の努力を必要とする。個別の存在であるネイションが、みずからの目標として普遍志向的な価値を掲げ、それを担うその担い方のなかに、このナショナリズムは表明されるのである。

この場合にも「われわれ」を保障する「第三項」はなんらかのかたちで排除されているのだが、普遍志向的な価値やその象徴や暗喩が第三項として上方排除されているかぎり、そしてその第三項がいつでも変更可能であることをはっきり自覚しているかぎり、この国民共同体は排外的になる必然性をもたない(排外的にならないと断言はできないが)。

国家と個人とのあいだにはさまざまな公共的なネットワークが張りめぐらされている。国民は主権者としての権利を行使し責任を果たす際につねにナショナルな価値の審級に呼び戻されるが、ふだんは多様な価値の担い手として生きている。ひとつの価値の共同性から別の価値の共同性に移動するたびに、そこで排除されている第三項も入れ替わる。さらに、たとえば日韓共同のプロジェクトで仕事をし、国際交流組織のボランティアとして中国人留学生のサポート活動をする一方、ガルシア・マルケスの国際的なファンクラブに加盟しているといったように、われわれはさまざまなトランスナショナルな価値を実現しながら生きているのである。

この多様かつトランスナショナルな生活様式のネットワークがやがていくつもの新たな共同性を形成するだろう。しかしこの共同性には固定的な「起源の神話」が失われている。

†そして誇り高きナショナリズムへ

ひとに人格があるように、国民にもナショナリティという品格がある。しかし、ひとはかならずしも阿漕《あこぎ》なエゴイストではないのに、国家や国民という共同体は国益を丸出しにして他国と張りあう存在と見なされやすい。国際社会において立派な振る舞いをした国家の事例は歴史上少ないから当然かもしれない。国内では立派な指導者が他国に対しては暴虐に振る舞い、平気で約束を踏みにじった例は枚挙にいとまがなく、それがむしろ政治家や軍人の手柄であるとすら考えられてきた。

われわれはいまも政治と経済と軍事の力によって支配された社会を生きている。冷戦崩壊後はイデオロギーの圧力がなくなった分、パワーポリティクスがより露骨に表現されているとさえ言える。だがアメリカの世界戦略に協力している国々ももはやその覇権を本心では信用していないように、新たな国際秩序は、自国民はもとより他国民の人権にも配慮し、経済・社会の分野では配分的正義を実行し、紛争は武力に頼らぬ平和解決をもとめる姿勢をつらぬく努力によらなければたもち得ない局面に到達している。パワーポリティクスに掣肘《せいちゅう》を加える平和構想なくして国際社会のリーダーシップをとることができないほど、危険な世界に突入しているということだ。テロリズムに断固とした態度で臨むのは当然だが、テロを廃絶する条件を整備しないかぎり、軍事力で根絶はできない。

ナショナリズムも転生の時である。二〇〇四年夏に中国で開催されたサッカーのアジアカップに例を取ろう。日本チームが出場した重慶や北京で、中国人サポーターのマナーの悪さは眼にあまった。自国のチームを応援するのにどんなに熱狂的であってもいい。判官びいきで弱小国を応援したり、気に入った特定のチームを応援するのも自由だ。日本は優勝候補ナンバーワンであったから、アンチ日本ファンが中国人観客のなかに多数出現して不思議はない。もともと対日感情は複雑である。

だが日本人選手の入場や国歌演奏に対してブーイングで応えたり、競技中に戦時中の抗日歌を唄ったり、場外では日の丸を焼き捨てたり、日本人外交官の公用車を壊したり、日本人サポーターに恐怖心をあたえたりと、あきらかに常軌を逸脱した集団行動にまで進展した。ひとたび火をつけられた反日感情は、共産党政権の制御すら越えた騒動となったのである。

一九九四年から江沢民政権が行なった反日民族主義教育の影響はたしかに大きかったのだろう。中国現代史研究家の鳥居民が言うように、社会主義への逆風に抗して、共産党一党独裁政権をあらためて正統化し、ゆるみがちな国内をひとつにまとめ上げるには、「党が日本の侵略から中国を救い、党はいまなお、〝中国への再侵略を意図している日本〟への警戒をおさおさ怠っていないのだ」と説く反日キャンペーンが、てっとりばやく有効な手段であった（『「反日」で生きのびる中国』）。歴史教科書や首相の靖国参拝の問題がきっかけをあたえたのはいうまでもない。貧富の格差の拡大による民衆の不満の捌《は》け口としても格好の攻撃対象であった。周辺の海底資源が有望になった尖閣諸島の領有問題も過激なナショナリズムをあらためて誘発しただろう。

その一方、東アジア世界の反日ナショナリズム、戦争責任をめぐる歴史認識の問題、そして国益をめぐる政争の底に、もっと深い民族の感情を見すえなければならないという見方がある。

たとえば朝鮮思想史の古田博司によれば、中国や韓国・北朝鮮にとって、戦時中の抗日の歴史はそのまま民族や国家の誇りであり神話である。日本軍と戦ったとされる金日成の抗日パルチザンは、北朝鮮では輝かしき「革命伝統」であり、政治的に敵対する韓国でも憧憬の的となっている。また抗日戦争の実績は中国共産党政権の正統性の大きな根拠であった（「修正不可能な『国是』としての反日」）。

ここまでは鳥居の論点にも通ずるが、その根底に「礼」を失した「夷狄」に対する東アジア諸国共通の侮蔑感がある、と古田は指摘する。おなじ中華文化圏にありながら、儒教のマナーや儀礼を守らず、いとこ婚までする蛮族にかつて侵略・統治されたことは、韓国や北朝鮮のナショナリズムにとっては許しがたい屈辱であり、とうてい「正しい歴史」たり得なかった、というのだ（「三者三論　どうする追悼施設」）。儒教的な華夷の意識を基層におき、抗日の記憶に裏打ちされた民族主義・国家主義を新しい層に配置した見取り図は、現在の反日ナショナリズムの背景をよく説明してくれる。ただし、この構図を宿命として捉えてはならない。

主張すべきナショナリズムの正当な論理をもたない日本政府をはじめとして、波のように押し寄せる東アジアの反日感情にわれわれは翻弄されつづけてきた。ではかれらのナショナリズムにわれわれ日本人も強硬なナショナリズムで対抗すればよいのだろうか。もちろん否である。

儀礼や歴史の記憶によってかたちづくられたエスニシティは強固な土台ではあるが、

時々のナショナルな意識によって何度も再発見されてきたものだ。条件が変われば意識されるエスニシティも変貌する。東アジア世界が市場開放をはじめ、さまざまな領域で開かれることはあっても閉ざされる可能性はきわめて少ない。開かれるに応じて、アイデンティティの再確認も急務になる。だが中国や韓国のナショナリズムは、外側の条件をきちんと整備して排外主義を誘発しなければ、あるいは発作的な反応にわれわれが拙劣な対応をしなければ、時に揺り戻しがありながらも大筋では反日色を弱めていくだろう。北朝鮮にはもっとドラスティックな変化が期待されている。であればあまり卑屈にもならず傲慢にもならずに、かれらのナショナリズムにきちんとわれわれのナショナリズムで向き合うことが必要なのではないか。

第一に、中国、韓国、北朝鮮、そして台湾という東アジア世界に対して、日本は侵略国であったという非対称の関係にある。第三章で述べたように、侵略・植民地化の責任を歴史認識として、あるいは政治的な態度としてはっきり示しつづける必要がある。

しかし第二に、その非対称性のゆえに「謝罪」をただ繰り返すという「儀礼」で対処しても、倫理的でもなければ政治的に有効でもない。

第三に、民族主義に民族主義で対抗する子どもじみた真似はむろんつつしみたい。戦争責任と戦後責任の問題を除けば、かれらの主張はおおむねエスニックなナショナリズムであり、条件の改善にともなって、かれら自身がより普遍志向的なナショナリズムへと転生していく可能性は十二分にあるからだ。

そして何よりも、反日騒動を引き起こした中国人サポーターのような一握りの人たちをその国民の代表に仕立て上げないことだ。かれらは象徴的な存在ではある、しかしおなじ数のまったくちがう人々を探し出すことはさほど困難ではないはずだ。開かれゆく社会には多様な人々が生まれている。東アジア世界で今後その傾向はますます強くなっていくだろう。

反日的なナショナリズムに備給する民衆の経済的な不満と不公平感とを取り除く具体的な条件を整備し、普遍志向的な誇り高きナショナリズムを双方のなかに育てあうこと、この努力を胸を張って行なうことにこそ、われわれのナショナリズムの面目が問われているのである。

あとがき

昨晩、サッカーW杯アジア最終予選の日本―北朝鮮戦をテレビ観戦した。昼間のうちに本書の本文の校正を終えて洋泉社に返送したというのに、やはり気分がすっきりしなかった。北朝鮮にも大健闘してもらい、最後に二対一で日本が勝てばいい、などと思って見ていたからだ。結果はそのとおりになって、ともかく胸をなでおろした。

もちろん相手がアメリカやロシアならこんな気苦労は無用だ。北朝鮮の場合、まず現政権から国民を引き剝がし、そのうえでひそかに応援するという姿勢が、自分のなかにすっかり出来あがっている。下手な負け方をすれば選手に対する仕打ちが心配なのがだいいちの理由だ。それでも北朝鮮に負けてやれとは思わない。

試合終了後のニュースを見ていたら、在日朝鮮人、在日韓国人、日本人の三グループがおなじ店のおなじテレビのまえで、それぞれのチームを応援するというイヴェントが映し出された。在日韓国人は同胞として北朝鮮を応援していた。それぞれに精一杯応援するというところがとても気に入った。立派な市民運動だと思った。北朝鮮の監督は試合後のインタヴューに答えて、試合はとても友好的な雰囲気のなかで行なわれたし、自分たちももてる力を出し切った、と語っていた。これも立派なコメントだった。

「ナショナリズムの練習試合」はともかく成功した。つぎは厳重な警戒もなく、サポーター同士が隣り合うかたちで応援しあいたいものだ。

それにしてもサポーターたちの屈託のない「ニッポン」コールと「ヒノマル」のマークを見ていると、ナショナリズムの新モードの到来をあらためて実感させられる。妙に観念的な国民国家批判の論調と好一対と言ってもいい。しかし敗戦後の日本では、ナショナルな心情はみずからを率直に表現する術を知らなかった。それは高度成長のなかでもさほど変わらなかった。

中国で文化大革命が始まった一九六六年であったか、あるいはその翌年であったか記憶はさだかでないが、私がまだ大学の教養課程に所属していた頃のことだ。当時は必修外国語に中国語を選択するのは、よほど横文字が苦手か、かなりの変わり者と相場が決まっていた。

しかし中国語を選択した動機が濃厚であるだけに学生間の親近感は強く、夏休みには学生（OBの教え子である他大学の女子学生を含む）、教師、OB（OGの参加はなかった）が那須の山奥の自炊温泉で合宿をするのが恒例となっていた。学生にとって中国語を学ぶことはたんに一外国語を習得することではなく、同時に中国革命の歴史を知り、進行中の文革に学ぶことにほかならなかった。一年生も夏休みまでには、かなりの数が活動家でなくとも毛沢東思想のシンパにはなっていたのである。合宿にやってきたOBのジャーナリストは、文革こそ世界史上未曾有の実験であると熱弁を振るったが、山中のランプの明かりの下ではそれが異様な興奮を搔き立てた。

そんな議論が酒をあおりながら夜中までつづけられるのだが、やがて高歌放吟の時間となった。革命歌と寮歌が所を入れ替えるうちに、三十代とおぼしき白皙《はくせき》の青年がすっと立ちあがった。唄いだしたのは、「ここはお国を何百里」に始まる「戦友」である。毎年繰り返されてすでに儀式化しているらしく、先輩たちは待ってましたとばかり、「ナンセンス、ナンセンス」と手を振りながら拍子をとる。青年は延々全曲を歌いきり、両者野合の拍手のうちにこの一幕は終了した。

一場の茶番とはいえ、のちに思想史の大家となるこの左翼青年は少年時代に培われたナショナルな心情をやみがたく吐露し、囃《はや》し組もみずからのうちに眠るナショナルな衝動に気づかぬままにナンセンスの呼号で迎えていたにちがいない。文革に心踊る人民的アジア主義も、頭を抑えつけられたナショナルな心情のひとつの捌け口であったと言ってよい。

ついに文革を支持できなかった私も、文革末期の「批林批孔」運動の真っ最中に、「青年代表団」の一員としてイギリス統治下の香港から国境の橋を徒歩で渡り、深圳《しんせん》の人民解放軍の兵士たちに迎えられたときの感激は忘れない。すっくと伸びた兵士の背筋に民族の自決を感じとったのである。

ひとは気づいたときにナショナリストになっている。ナショナリズムは国民主義や民族主義と訳されるが、主義以前の茫漠とした心情を包みこんでいる。理論的な「主義」ではない分、みずからの身体性のなかにひそかに息づいているのだ。戦後の日本では一部の自覚的な保守派を除いて、その心情は抑圧され、屈折し、輪郭をあたえられていなかった。その上にいま、あのサポーターたちのあっけらかんとしたナショナリズムが重層している。

われわれのナショナリズムの「練習問題」は、みずからのナショナルな心情の自己点検から始めなくてはならない。本書はその自己点検のひとつの試みであり、ナショナリズム転生への提案である。その提案が議論のささやかな叩き台になってくれることをいまは切に願う。

なお本書の第三章は、『論座』二〇〇二年八月号に発表した「『侵略戦争』の語り方」に若干の手を加えたものであることをお断りしておく。

また本書の標題は自分としては別のプランを用意していたのだが、序章のタイトルをそのまま使うようにという洋泉社の強い要請があり、それに従った。『ソウルの練習問題』以来何番煎じかになるタイトリングは私としては潔しとしないのだが、それによってひとりでも多くの読者に手にとってもらえるのならば良しとしよう。洋泉社の小川哲生さんは、一冊目の売れ行きも分からぬうちから、二冊目もウチで出すようにと強く勧めてくれた。その心意気には大いに感謝している。

二〇〇五年二月一〇日

井崎正敏

引用文献（本文に引用した文献およびそれに準ずる文献にかぎって以下に列挙する）

序章

Hans Kohn, *The Idea of Nationalism*（Third Printing, with additions）, The Macmillan Company, New York, 1946.（『ナショナリズムの思想』未邦訳）

佐藤成基「H・コーン『ナショナリズムの思想』」（大澤真幸編『ナショナリズム論の名著50』、平凡社、二〇〇二年）

第一章

石光真清『城下の人』（龍星閣、一九五八年）

石光真清『望郷の歌』（龍星閣、一九五八年）

司馬遼太郎『翔ぶが如く（十）』（文春文庫、一九八〇年）

デ・アミーチス『クオレ』下巻、矢崎源九郎訳（角川文庫、一九五七年）
デ・アミーチス『クオレ』上下巻、前田晁訳（岩波少年文庫、一九五五年）
古賀弘人「クオーレ」（CD-ROM版『世界大百科事典』第二版、日立システムアンドサービス、一九九八年）
藤澤房俊『「クオーレ」の時代』（筑摩書房、一九九三年）
畑山博「思い出の中の『クオレ』」（少年少女世界文学館第22巻『クオレ』、講談社、一九八八年）
内村鑑三『後世への最大遺物　デンマルク国の話』（岩波文庫、一九四六年）

第二章

坂本義和「革新ナショナリズム試論」（『核時代の国際政治』、岩波書店、一九六七年）
小熊英二『〈民主〉と〈愛国〉』（新曜社、二〇〇二年）
清水幾太郎『愛国心』（岩波新書、一九五〇年）
清水幾太郎『わが人生の断片』上巻（文藝春秋、一九七五年）
井崎正敏『天皇と日本人の課題』（洋泉社・新書y、二〇〇三年）
丸山眞男「日本におけるナショナリズム」（『丸山眞男集』第五巻、岩波書店、一九九五年）
福沢諭吉『学問のすゝめ』（岩波文庫、一九四二年）

坂本義和「追記」(『核時代の国際政治』、岩波書店、一九六七年)
坂本義和「イデオロギー対決とナショナリズム」(『核時代の国際政治』、岩波書店、一九六七年)
井上達夫「天皇制を問う視角——民主主義の限界とリベラリズム」(『現代の貧困』、岩波書店、二〇〇一年)

第三章

永六輔監修『八月十五日の日記』(講談社、一九九五年)
『朝日新聞』一九四五年八月十六日号
『高見順日記』第五巻(勁草書房、一九六五年)
伊丹万作「戦争責任者の問題」(『伊丹万作全集』第一巻、筑摩書房、一九六一年)
『朝日新聞』一九四五年十二月八日—十七日号
大沼保昭『戦争責任論序説』(東京大学出版会、一九七五年)
井崎正敏『天皇と日本人の課題』(洋泉社・新書y、二〇〇三年)
「東条口供書」(朝日新聞東京裁判記者団『東京裁判』下巻、朝日文庫、一九九五年)
丸山眞男「超国家主義の論理と心理」(『丸山眞男集』第三巻、岩波書店、一九九五年)
丸山眞男「昭和天皇をめぐるきれぎれの回想」(『丸山眞男集』第十五巻、岩波書店、一九九六年)

大沼保昭『東京裁判から戦後責任の思想へ（第四版）』（東信堂、一九九七年）
高橋哲哉『戦後責任論』（講談社、一九九九年）
小浜逸郎『なぜ人を殺してはいけないのか』（洋泉社・新書y、二〇〇〇年）

第四章

J・S・ミル『代議政治論』山下重一訳（関嘉彦編『世界の名著38 ベンサム J・S・ミル』、中央公論社、一九六七年）
柄谷行人「序説――ネーションと美学」（『定本 柄谷行人集』第四巻、岩波書店、二〇〇四年）
Anthony D. Smith, *National Identity*, Penguin Books, London, 1991.（アントニー・D・スミス『ナショナリズムの生命力』高柳先男訳、晶文社、一九九八年）
ベネディクト・アンダーソン『増補 想像の共同体』白石さや・白石隆訳（NTT出版、一九九七年）
アーネスト・ゲルナー『民族とナショナリズム』加藤節監訳（岩波書店、二〇〇〇年）
大澤真幸「E・ゲルナー『ネーションとナショナリズム』」（大澤真幸編『ナショナリズム論の名著50』、平凡社、二〇〇二年）
E・J・ホブズボーム『ナショナリズムの歴史と現在』浜林正夫・嶋田耕也・庄司信訳（大月書店、二〇〇一年）

古矢旬『アメリカニズム』（東京大学出版会、二〇〇二年）
エルネスト・ルナン「国民とは何か」鵜飼哲訳（ルナン、フィヒテほか『国民とは何か』鵜飼哲ほか訳、インスクリプト、一九九七年）
ユルゲン・ハーバーマス「国家市民資格とナショナル・アイデンティティ」（『事実性と妥当性』下巻、河上倫逸・耳野健二訳、未来社、二〇〇三年）
ユルゲン・ハーバーマス「手続きとしての国民主権」（『事実性と妥当性』下巻、河上倫逸・耳野健二訳、未来社、二〇〇三年）
ユルゲン・ハーバーマス「一種の損害補償──ドイツにおける現代史記述の弁護論的傾向」辰巳伸知訳（ユルゲン・ハーバーマス、エルンスト・ノルテほか『過ぎ去ろうとしない過去』徳永恂ほか訳、人文書院、一九九五年）
ユルゲン・ハーバーマス『事実性と妥当性』上巻、河上倫逸・耳野健二訳（未来社、二〇〇二年）
David Miller, *On Nationality*, Clarendon Press, Oxford, 1995.（『ナショナリティについて』未邦訳）

第五章

松村明編『大辞林（第二版）』（三省堂、一九九五年）
エミール・バンヴェニスト『一般言語学の諸問題』岸本通夫監訳（みすず書房、一九八三年）

今村仁司『暴力のオントロギー』（勁草書房、一九八二年）
竹田青嗣『近代哲学再考』（径書房、二〇〇四年）
井上達夫『他者への自由』（創文社、一九九九年）
井上達夫「リベラル・デモクラシーと『アジア的価値』」（大沼保昭編著『東亜の構想』、筑摩書房、二〇〇〇年）
樋口陽一『近代国民国家の憲法構造』（東京大学出版会、一九九四年）
吉本隆明『「ならずもの国家」異論』（光文社、二〇〇四年）
白石隆「地球を読む」（『読売新聞』二〇〇四年四月十八日号）
中西寛「国家の声価　高める個人」（『朝日新聞』二〇〇四年四月二十六日号夕刊）
高橋源一郎「Q　どこかの国の人質問題」（『朝日新聞』二〇〇四年四月十九日号夕刊）
上野千鶴子「私の視点」（『朝日新聞』二〇〇四年四月三十日号）
ロバート・ノージック『アナーキー・国家・ユートピア』上巻、嶋津格訳（木鐸社、一九八五年）
上野千鶴子『ナショナリズムとジェンダー』（青土社、一九九八年）
平野千果子『フランス植民地主義の歴史』（人文書院、二〇〇二年）

終章

小熊英二『単一民族神話の起源』（新曜社、一九九五年）
鳥居民『「反日」で生きのびる中国』（草思社、二〇〇四年）
古田博司「修正不可能な『国是』としての反日」（『読売新聞』二〇〇四年八月十八日号夕刊）
古田博司「三者三論　どうする追悼施設」（『朝日新聞』二〇〇四年八月十三日号）

井崎正敏（いざき・まさとし）
1947年東京生まれ。東京大学文学部倫理学科卒業。筑摩書房専務取締役編集部長を経て、批評活動に入る。現在、武蔵大学社会学部客員教授、明星大学日本文化学部・東京大学文学部非常勤講師。著書に『天皇と日本人の課題』（洋泉社・新書y）、共著に『天皇の戦争責任・再考』（洋泉社・新書y）、『無根拠の時代』（大明堂）がある。

新書y 132

ナショナリズムの練習問題

発行日	2005年4月21日　初版発行
著者	井崎正敏©2005
発行者	石井慎二
発行所	株式会社 洋泉社 東京都千代田区神田小川町3-8 〒101-0052 電話 03(5259)0251 振替 00190-2-142410㈱洋泉社
印刷・製本	図書印刷株式会社
装幀	菊地信義

落丁・乱丁のお取り替えは小社営業部宛
ご送付ください。送料は小社で負担します。
ISBN4-89691-907-6
Printed in Japan
洋泉社ホームページhttp://www.yosensha.co.jp

090 天皇の戦争責任・再考
池田清彦・小浜逸郎・小谷野敦・橋爪大三郎ほか
昭和天皇は取らなくていい責任をとったのか？ 取るべき責任を回避したのか？ 日本人が日本人であるために避けてはとおれないこの問題を法的・政治的責任と道義的責任、国民感情から切り込む。
●定価七五六円（税込）

094 天皇と日本人の課題
井崎正敏
日本人は天皇なしではやっていけないのか？ いつまで必要とするのか？ 純粋戦後世代が天皇制が抱える問題点を根底から問い直し、国民が天皇からの自立する意味と条件を問う。
●定価七五六円（税込）

106 日本人の壁
中山治
日本人には「外交音痴」に象徴される五つの壁がある！ 性格のビッグファイブを社会心理の領域に拡大し、「日本人の壁」を心理面から浮き彫りにして意識改革を促すまったく新しい日本人論。
●定価七五六円（税込）

122 島国根性を捨ててはいけない
布施克彦
グローバル化で自信を失っている日本人よ、ためらうことなく胸をはれ！ 島国には大陸国にはない武器がある。島国が大陸国に比して隆盛する理由を明らかにし従来の島国根性のイメージを一新する。
●定価七七七円（税込）